说服的艺术

促使人行动的七种心理动力

How to Get People to Do Stuff

[美] 苏珊·威辛克（Susan M. Weinschenk） 著
闫佳 译

中国人民大学出版社
·北京·

图书在版编目（CIP）数据

说服的艺术 /（美）苏珊·威辛克（Susan M. Weinschenk）著；间佳译．—北京：中国人民大学出版社，2021.1

ISBN 978-7-300-28643-3

Ⅰ.①说… Ⅱ.①苏… ②间… Ⅲ.①说服—心理学—通俗读物 Ⅳ.①H019-49

中国版本图书馆 CIP 数据核字（2020）第 201591 号

说服的艺术

促使人行动的七种心理动力

［美］苏珊·威辛克（Susan M. Weinschenk）著

间佳　译

Shuofu de Yishu

出版发行	中国人民大学出版社		
社　　址	北京中关村大街 31 号	**邮政编码**	100080
电　　话	010-62511242（总编室）		010-62511770（质管部）
	010-82501766（邮购部）		010-62514148（门市部）
	010-62515195（发行公司）		010-62515275（盗版举报）
网　　址	http://www.crup.com.cn		
经　　销	新华书店		
印　　刷	涿州市星河印刷有限公司		
规　　格	148 mm×210 mm　32 开本	**版　　次**	2021 年 1 月第 1 版
印　　张	8.75　插页 2	**印　　次**	2021 年 1 月第 1 次印刷
字　　数	177 000	**定　　价**	69.00 元

本书献给我的两个孩子——格思里和梅茜，你们有个当心理学家的妈妈，有的时候这是一种幸运，但更多的时候恐怕是一种不幸。我必须得在你们身上尝试我所有的理论！

目　录

第一章　七种动力

激励人的七种动力分别为：归属需求、习惯、故事的力量、胡萝卜加大棒、本能、掌控欲和心智技巧。

你会做饭吗？你精于此道吗？我觉得自己挺擅长这事儿的。有时候，我做的东西很好吃；当然，也有时候做得不怎么样。

我能学会做饭，靠的是看我妈妈怎么做，以及照着菜谱尝试自己做。最近，我买了一本烹饪书。这下，我才明白为什么有些食谱行得通，有些却行不通，以及为什么我的一些替代做法不是好主意。

我现在不再一板一眼地照着食谱做饭了，也不再满头雾水地尝试发明新菜式了，我可以运用所知的烹饪知识，也即食物中的哪些化学物质会与其他物质发生反应，让食物变得美味或松软。我仍然可以在菜品上发挥独创性，即使把我放到特定的场合，给我一组特定的配料，我也能应用我所知道的烹饪知识，做出一顿美味的大餐来。

现在，让我们把同样的原理应用到人身上。

你善于与人相处吗？你知道怎么让他们做事吗？你所用到的技巧和技术，是从别人那里捡来的，还是自己摸索出来的？如果是这样的话，我敢打赌，就跟我在学习烹饪知识之前的厨艺一样，有时候你的策略能奏效，有时候则会失灵。

但要是你理解了激励他人背后所蕴含的科学道理呢？如果你懂得了这门科学，知道怎样将它应用到特定的人或特定情况下的一群人身上，你就能够让别人去做事。你用不着猜测该用什么策略——因为你早就知道了。而这就是本书想要带给你的东西。

改变他人行为的七种动力

我的孩子们（在我写这段文字的时候，他们已经长大成人）常常控诉我，说我在他们的成长过程中对他们用了心理学技能。他们说得没错！

我女儿在 3 岁的时候曾为了某样想得到的东西发牢骚，而我 5 岁的儿子则看着她，说："难道你还不明白，在这个家里，发牢骚不会让你得到想要的任何东西吗？"女儿住了口。这一刻，我知道自己的做法是管用的。儿子的说法非常准确。

我养育孩子的时候，已经干了 10 多年的心理学工作，我决定运用自己所了解的心理学知识来教育孩子，让他们不哭诉，当然还能让他们保持灵活、富有同情心、勤奋等，但最主要的，还是让他们不发牢骚、不哭诉。我讨厌发牢骚！

我的优势在于，从孩子们一出生，我就能跟他们共同尝试。而对我接触的其他人，我都无法获得这样的好处。但我明白，如果你懂得是什么东西在激励人，你就能改变和调整自己的做法、自己的付出，你就明白该怎样向人们提出请求、请求些什么。你可以改变你的战略战术，让人们去做事。

心理学的实证研究可以追溯到100多年前。有些最初的研究结论至今仍然适用。我们如今具备了一定程度的窥视大脑并观察其运作的能力。它证明，当年的一些发现是正确的，进而也为我们理解怎样调动人提供了更多的洞见。我在本书中应用了最初的基础研究，以及近年来的最新发现。

这本书介绍了激励人的七种动力：

- 归属需求
- 习惯
- 故事的力量
- 胡萝卜加大棒
- 本能
- 掌控欲
- 心智技巧

在本书中，我将逐一介绍每一种动力，解释它背后的研究，并告诉你具体的使用策略。

归属需求

你看过电影《荒岛余生》吗？汤姆·汉克斯饰演的角色所搭乘的飞机，在南太平洋的一座小岛上坠毁。他孤零零地在那里生活了好几年。他找到一个排球，在上面画了一张脸，并不停地跟它说话。那个排球是威尔逊牌的，汉克斯最后把他的“朋友”叫成了威尔逊。因为没有真实的人可以与之交流，他只能自己创造一个。

归根结底，我们人类是社会性动物，我们想要跟他人连接的渴望，是一种与生俱来的强大动力。我们的演进方向不是独自生活，相反，我们会为了获得社会认可而付出艰苦的努力。我们需要感觉到，我们在这个世界上有一个归属之地。

你可以利用人们对归属感的需求和对连接的渴望，让人们去做事。

习惯

你或许会惊讶地发现，人在普通一天里所做的事情，很多都是不假思索、出于习惯而做的。我们甚至不记得这些习惯是怎么形成的。

我敢打赌，你每次洗澡的方式都是一样的，而且你有自己的起床套路。这些习惯是怎么形成的？

如果我们一天所做的那么多事情都由无意识形成的习惯组成，为什么改变或建立新习惯，看起来是如此困难呢？

我们常听人说，养成一个新习惯需要几个月的时间。这怎么可能呢？我们明明会在不知不觉中轻而易举地建立起几百个习惯啊！事实证明，如果你了解形成习惯背后的科学原理，那么你就很容易养成新习惯，甚至改变已有的习惯。

你可以利用这些知识来帮助其他人培养或改变习惯，好让他们去做事。

故事的力量

你是什么样的人？你会帮助那些有需要的人吗？你了解最近的时尚趋势和流行款式吗？你是一个以家庭为重、愿意花时间和精力培养家庭关系的人吗？

我们都有自己的人格面具（self-personas）。我们向自己和他人讲述有关自己的故事：我们是什么样的人，为什么要做那样的事。我们的一些自我人格面具和故事是有意识的，但另一些基本上却是无意识的。

我们希望自己的人格面具前后一致。要是觉得不一致，我们会感到不舒服。

如果你弄清了别人对他们自己讲述的自我故事，那么，你就可以用与这些故事相匹配的方式去与他们进行沟通，从而让其去做事。

胡萝卜加大棒

你去过赌场吗？

想想看：你花了大量时间和精力试图让人们去做事；你甚至要提供奖励或花钱让人们去做事。可赌场却能让人们往外掏腰包！

赌场深知奖励和强化的科学。它使用名为“可变比率方案”（variable ratio schedule）的东西，让人玩了又玩，哪怕他正在输钱。

你也可以把赌场的知识运用起来。有哪些不同的奖励方案，何时运用何种奖励方案，以及为什么用奖励比用惩罚能更好地引导行为——这些研究，你都可以善加利用。

多年前，在心理学占主导地位的是奖励（或强化）研究。现在我们知道，其他的动力，如本能、掌控欲和归属需求，往往比奖励更强大，更能激励人。但有时候，使用奖励仍是让人们做事的最好方法。

使用奖励的方法，有对有错。你需要知道让人们做事的正确方法。

本能

想象一下，你正在路上开车，前方发生了车祸。你告诉自己不要放慢车速围观，然而你却感到有一种不可抵挡的冲动非要这么做。

我们有时会忘记，我们是人类，我们也同时是动物王国的成员。人人都有一些基础性的本能。这些本能包括生存、觅食和性冲动。这些本能十分强烈，而且基本上是无意识的。它们影响着我们的行为。有时候，你可以利用这些本能让人去做事。

对一部分读者来说，利用对性或食物的欲望可能不合适，或是与其希望人们要做的事情无关。但是生存本能是一种持续运作的本能，完全能够用来让人去做事。

潜意识在不断地扫描环境，确保我们的生存和安全。这意味着，我们特别容易受到出人意料的、让我们害怕的事情的影响。害怕损失是一个巨大的激励因素。你可以利用这些本能让人去做事。

掌控欲

给人们掌控欲比给他们以外部奖励更为激励人心。人们会动力十足地学习和掌握技能知识。

这叫作内在动机，因为相较于外部所给的奖励（也即外在动机），这种动机来自人的内部。内在动机通常比外在动机更强烈。因为掌控欲是内在的，你无法准确地让人受它激励，但你可以关注整体的情况。

有一些情况会鼓励掌控欲，而另一些情况则会抑制这种渴望。你可以利用我们从掌控研究中所得到的认识，设计出鼓励、刺激掌控欲的条件，并在这个过程中，推动人们去做事。

心智技巧

你兴许看到过视错觉——也就是，你的眼睛和大脑认为自己看到了跟实际不一样的东西。你恐怕并未意识到，除了视错觉，还有认知错觉。我们的思维方式存在若干种偏误。我们的大脑习惯于快速得出结论。如果我们需要迅速对环境做出反应，这很有用，但有时候，这些快速结论和决策会导致认知错觉。

你知道吗，如果你提及金钱，人们会变得更自作主张，更不愿意帮助别人。又比如，人们喜欢过滤掉自己不认同的信息，但是你可以绕过这些过滤器吗？你可以利用认知错觉的概念，让人们去做事。

这是在摆布他人吗

在我就怎样让他人做事发表讲演、接受采访时，对方常常表达出道德疑虑："如果我们利用这些心理学信息让人去做事，是不是在摆布他人呢？这符合道德规范吗？"

我也曾花过大量时间思考这个问题。

有人说，如果你尝试让别人去做事，那么，不管这事情到底是什么，都不符合道德规范。另一些人说，如果你是想让别人去做一些有益自身的事情，比如吃得更健康、戒烟，那就没问题。我的立场，介于这两者之间。

首先要理解的一点是，你无法真正让别人去做事，除非他们或多或少地自己想做。你可以鼓励人们去做事，你可以设置情境，让他们自己的动机和驱动力发挥作用，但你无法完全控制。你的目标是，让人们产生想要去做你希望他们做的事的欲望。

让人们三思而后行，鼓励人们的行为符合整个社会的利益例如节约能源、善待他人、为有价值的事业捐款，这些事在我看来都可以，大多数人也同意我的看法。但让别人去买东西，这该怎么算呢？

最近，我在互联网欺诈案件中担任了美国政府方面的专家顾问，对道德和不道德行为的底线有了更深刻的认识。让你的产品或服务展现出最好的面貌，让你的产品或服务与客户的需求相匹配——在我看来，这些都是可以的。

真的是人人都需要一台新冰箱吗？可能并不。但鼓励他们现在就买一台新冰箱，而且是从你手里买，在我看来完全没问题。（若非如此，我们还不如索性说所有的营销推广和广告宣传都不道德。）

故意欺骗他人，提供令人困惑的指示，让人们不知道自己到底答应了些什么，怂恿人们去做有害自己或他人的行为，或试图让别人违反法律——在我看来，这么做不行。

有一点我始终牢记心头："做好事，或者至少不做坏事。"

假设上述道德考量没把你吓坏，我希望你已经准备好要掌握这七种激励他人的动力了。

在接下来的章节中，你将会了解每一种动力背后的研究和细节。接着，稍加练习，多试错，保持开放心态，愿意从自己的错误中汲取教训，你就能成为动员别人做事的大师了。

第二章　归属需求

我们乐于把自己视为独立的思考者，是独一无二的个体。然而，实际情况是，融入感和归属需求是根植在我们的大脑和生理构造当中的。

如果我请你回想一下你感觉自己欠缺归属感的体验，你大概至少想得起来几回，甚至还有不少。

也许你还记得，自己还是小孩的时候，没能入选参加学校比赛的队伍。又也许，你想起青少年时代，有些你把他们当朋友的同龄人，没有邀请你参加一次聚会。也许，你最近碰到过某件事，让你感觉毫无归属感。也可能，你工作时走进一个房间，里面的每个人都比你年轻（或年长），他们正在讨论一个彼此都很感兴趣的话题，比如某种你一无所知的游戏或体育赛事。

上述每一种情况，都可能会让你感觉没有归属感。这种被排斥在外的感觉，说不定还会让你感到悲伤、孤独、沮丧或愤怒。

现在回想一下你觉得自己真正感受到归属的时候。也许，是你想起你在学校里有一群要好的朋友时，或是你回想起自己在家庭活动里感到非常亲近时，也可能是你跟其他球迷一起观看足球比赛时。这些归属体验可能伴随着幸福和快乐的感觉。

我们对归属感有着强烈需求。我们会采取行动，以便感觉自己属于某个群体。如果一些行为会让我们感到自己受重要群体的排斥，我们不会去做。归属需求很强大，它对我们的影响程度，远比我们意识到的要强。

当人们感到彼此关联，会工作得更努力

格雷戈里·沃尔顿（Gregory Walton，2012）是斯坦福大学的一名教授，他研究了归属感对行为的重要影响。在一项实验中，沃尔顿发现，当大学生甲认为自己和另一名学生乙是同一天生日时，甲会更有动力跟乙一起完成任务，而且在任务中会表现得更好。

他在四岁到五岁的孩子身上发现了相同的效应。在另一项实验中，沃尔顿找来一些人（但这些人并非实验受试者）原地慢跑，提高心率。当受试者觉得自己跟慢跑者存在社会联系（比如，听说自己跟慢跑的人是同一天生日）时，心率同样会加快。沃尔顿的结论是，哪怕是跟自己只存在微不足道的关联的人，人们也很容易受其目标、动机、情绪，甚至身体反应的感染。

在其他研究中，沃尔顿发现，当人们觉得自己正跟其他人以

团队的形式来实现目标时，他们会比自己独自工作时更有动力去达成目标，哪怕没有任何外部奖励。他们工作得更努力，工作时间更长，更专注，表现更好。

跟前一个例子一样，不管大人和小孩，都是如此。

策略 1

让人们感觉自己跟他人存在联系，这样，他们会更加努力工作。

多用名词，少用动词

归属需求会产生极为微妙的影响。我们根据自己所属的群体来定义自己，而这种群体意识会深刻地影响我们的行为。

只需让人们采用特定的方式谈论自己，或是你在提问时使用特定的措辞方式，就可以激发出群体认同感。例如，格雷戈里·沃尔顿的研究表明，对比“我是个巧克力爱好者”和“我吃很多巧克力”这两种说法，前者更能影响人们对巧克力的偏爱程度。“爱好者”是个名词，“吃”是个动词。说“我是个巧克力爱好者”的人，使用名词而非动词，表现出对巧克力更强烈的偏好。

在一项关于投票的调查中，沃尔顿的实验人员采用了两种提问方式。其一是，“在明天的选举中，履行选民义务，对你来说有多重要?”其二是，“在明天的选举中，投票对你来说有多重要?”使用名词（选民）而非动词（投票），会使得更多人第二天去投票。**感觉自己属于某个特定的群体会影响你的行为。**

当你要求别人做事时，多用名词，少用动词。唤起群体归属感，人们更有可能顺从你的要求。

策略 2

当你提出某个请求时，用名词而不是动词来唤起群体认同。

驾驭他人观点的力量

你曾出席过跟你所属教派不一样的教会或宗教仪式吗？你拿不准接下来会发生些什么。人们在回应、祈祷、歌唱或吟唱。他们按照不同的线索或坐或立或跪。你偷偷地瞟着周围的人，努力模仿他们的样子。如果所有人都站起身，把纸袋套在头上，然后转三圈，你可能会到处搜寻自己的纸袋在哪里。

为什么其他人的行为具有这么强的说服力呢？为什么我们会关注和模仿别人的行为呢？这叫作社会认可（social validation）。

在 20 世纪 70 年代做过的一项实验中，研究的参与者进入房间，实验员告诉他们要填写一份关于创造力的问卷调查。房间里会有一个或多个其他人，但他（们）其实是假装的参与者，是实验方安插的“卧底”。有时候，房间里只有一个其他人，有时候会更多。受试者在填写创造力问卷时，一阵烟雾会从通风口进入房间。参与者会离开房间吗？会去找人说烟雾的事情吗？还是忽视它？

这项实验（以及其他多项类似实验）由比布·拉塔内（Bibb

Latan，1970）和约翰·达利（John Darley）进行，并深受许多其他人的欢迎。他们设置了一些模棱两可的情境，看看人们是否会受到周围人所为的影响。参与者的行动，是否取决于房间里其他人的行为？如果是，那么这跟房间里有多少其他人是否有关系？

房间里的人越多，以及其他人越是对烟雾视而不见，参与者就越有可能什么都不做。如果参与者是独自一人，他（或她）会离开房间，并在几秒钟内通知其他人。但如果房间里还有其他人，而这些人毫无反应，参与者就会什么也不做。

我们乐于把自己视为独立的思考者，是独一无二的个体。然而，实际情况是，融入感和归属需求是根植在我们的大脑和生理构造当中的。我们想要融入。我们想要跟大众一样。当我们置身于社交场合，这会是一种强大的动力，驱使我们观察他人，寻找行为准则。这甚至不是一个有意识的过程；我们不知道自己正在这么做。如果自己不确定该做些什么，我们最有可能模仿他人。

你可以利用社会认可来让人们做事。它很简单，也很强大——你只需要告诉当事人，有多少人正做着你希望他们做的事就可以。

例如，如果你希望人们戒烟，那就告诉他们有多少人（在这个项目、在这个国家里或在这个世界上，在特定的时间段使用这一方法）已经戒了烟。如果你想让人们购买某种产品，告诉他们有多少人已经购买了它。如果你想让他们捐款，告诉他们有多少人已经捐了款。很明显，只有当数量可观的人已经完成了你所渴望的行为时，这种方法才会奏效。

如果你不希望人们做某件事，那务必要谨慎，不要下意识地告诉他们有多少人已经这么做了。让青少年知道有25%的青少年吸烟或酗酒，这绝对是个坏主意。有时，人们或组织会为了强调问题的严重性而给出这一信息。

借助邻里之间的对比，改变住户能耗模式

一些能源公司正运用社会认可的力量，让人们减少能耗。它们会给顾客发送一张评分表，显示其与邻居相比的能源消耗情况。如果顾客的能耗低于邻居的平均值，评分表会是一个笑脸。如果顾客的能耗比邻居的高，能源公司曾试图使用哭脸来表现，但这种做法得到了负面反馈。所以，现在的做法是：顾客得到一个笑脸、两个笑脸（特别节能时），或是没有笑脸（跟邻居一样或比邻居差时）。只要人们可以通过这种方式对比自己和邻居的能耗情况，他们就会持续地节省更多能源（Allcott，2011）。

举个例子，我参加过一场为家长和即将入学的大学生而举办的大学新生介绍会。一位学校行政管理人员说，在过去的三年，学校宿舍发生了200多起违规酗酒事件。他指出，校园里存在酗酒问题，接着，他谈起了校方为解决这个问题而尝试的所有方法。但他的信息已经造成了负面效果：他告诉教室里的300名新生，学校里有许多其他的学生酗酒。这句话很可能会产生适得其反的作用，导致更多人酗酒。

在你就“为什么人们应该做你希望他们去做的事”展开论述之前，先做做调查，掌握一定的数据，看看已经有多少人在那么做了。

策略 3

要想让人们去做某件事，不妨让他们知道已经有别的人在这么做了。

让合适的人来提出请求

你正在参加一次募捐活动。有人站起身，做了一个简短的演讲，请求活动中的每一个人为某特别项目捐款。

下列哪个选项是正确的？

A. 如果演讲者的年龄和穿着等特征与你相似，你更有可能捐钱。

B. 如果你觉得演讲者有吸引力，你更有可能捐款。

C. 如果演讲者与你不同，你更有可能捐款。

D. 吸引力和相似性都不会影响你的捐款决定。

E. B 和 C。

F. A 和 B。

正确答案是 F。如果演讲者的年龄、穿着等特征与你相似，而且你觉得他（或她）很有吸引力，那么你更有可能捐款。

你或许会想，“别的人可能会受这些肤浅因素的影响，我可不会。”但是我们都会被一个人的外貌所影响。我们所做的决定，如跟什么人交谈，是否相信对方，或是否乐于倾听对方，是否按照他们提出的请求去做，都受到一些线索的影响。这些线索告诉我们，对方是否跟我们“相似”，对方对我们是否具有“吸引力”。

有时候，让人们做事的办法，就是让合适的人来提出请求。研究表明，我们对不同的人有不同的反应。

大脑对你认识的人有特别的反应

你的朋友大卫要参加 10 公里跑活动来为他最喜欢的慈善机构募款。他请你考虑捐款支持他。你会捐款表示支持吗？如果这个请求来自大卫的一个朋友，这人你并不认识，只是知道大卫和他是朋友呢？如果这个请求来自一个陌生人，你会捐款吗？面对这些不同的人，你是否都愿意答应捐款？

如果是你的堂兄弗兰克向你提出这样的请求呢？如果你和弗兰克政治立场迥异呢？每一次家族聚会，你和弗兰克都会因为政治吵得不可开交。如果弗兰克请你为他捐款，你会答应吗？

假设你是一家自行车俱乐部的会员。如果是另一家自行车俱乐部的会员请你支持他呢？你不认识他，但他跟你有相似的兴趣——你们都是自行车俱乐部的活跃分子。这些不同的人际关系，对你按照他人意愿做事有什么样的影响呢？

芬纳·克里恩（Fenna Krienen，2010）进行了一项研究，考察人的大脑是否会根据认不认识别人、认不认同别人而做出不同的反应。克里恩及其团队发现，当人们想到朋友或亲人（也就是自己很熟悉的人）时，内侧前额叶皮层（MPFC）会激活，哪怕是跟自己没有太多共同点的亲戚。内侧前额叶皮层是大脑中积极参与感知价值观、调节社会行为的部位。当人们想到自己不认识，只是跟自己有共同兴趣的人时，内侧前额叶皮层不会激活。

我们的大脑，似乎对认识的人会产生特殊的反应。人们有更大可能按照自己认识的人所提出的请求去做事，不管双方的观点有多么大的差异。

相似性构建融洽关系

面对那些让我们感觉跟自己相似，或是我们认为彼此有着相同背景或价值观的人，我们更容易喜欢。这里，相似点甚至可以是服装。我们喜欢跟自己穿着打扮相似的人。

我们做这些决定的速度非常快，而且这些决定不会立刻进入意识。提摩西·威尔逊（Timothy Wilson）在《最熟悉的陌生人：自我认知和潜能发现之旅》（*Strangers to Ourselves*：*Discovering the Adaptive Unconscious*，2004）一书中探讨了这一发生在我们无意识大脑旧皮质中的过程。之所以叫“旧”皮质，是因为它是很久以前演化出来的。我们的大脑旧皮质，跟哺乳动物，甚至爬行动物和两栖动物，都是一样的。

大脑旧皮质监控环境、观察危险。它跟大脑中负责意识和思考的部分（也就是大脑新皮质，它“新”的原因是它是更晚近时期才演化出来的）并不直接关联。所以，大量的处理和决策，你都根本意识不到。

“掂量”他人，就属于此类处理之一。大脑旧皮质通过快速评估局面、环境和附近的其他人来确保你的安全。接着，大脑旧皮质会判断你是该“赶紧逃跑”，或是该“享受生活”，还是该“吃点东西”！这听起来很粗糙、原始，但这就是我们的大脑旧皮质：粗糙、原始。

这里有大量的信息需要处理，而所有的处理都在一瞬间完成。为了迅速处理，大脑旧皮质会抄近路，并进行一般性的归纳。

让我们回到本章开篇的筹款场景。大脑旧皮质会掂量说话人。如果说话人跟你相似，那么决定（请记住，一切都是无意识发生的）是：你很安全，不必逃跑。大脑旧皮质还会向中脑（处理情绪的地方）发送信号，告诉你：这个人信得过。

大脑旧皮质完成处理之后，你要么继续听说话人讲话，要么无视对方、离开房间，要么开始走神。

人们更容易倾听有魅力的人并为之说服

大量的研究都曾考察过富有魅力的人能获得多大的优势。在他人眼里，富有魅力的人似乎更聪明、更慷慨、更善良、智力更高。我们是在没有意识的情形下做出这种判断的。有魅力的人在需要的时候更容易获得帮助。而且，他们在改变观点时更具说服力。

大脑旧皮质会不断评估跟你进行互动的人的魅力。如果你的大脑旧皮质认为跟你说话的人富有魅力，那么，你就会对此人给予更多的关注，对方所说的话也更容易说服你。

魅力数学公式

哈提斯·居内什（Hatice Gunes，2006）曾主持过一项研究，对人类的面部做了许多不同的测量。例如，研究人员测量了从眼睛上方到下巴底部、从眼睛上方到鼻孔底部等的距离，并将这些测量值与人们的魅力值评价进行对比。他们发现，大多数人对谁具有魅力都有着一致的看法，而在他人眼里富有魅力的人，在面部结构上有着特定的比例。

尽管魅力受文化和一些肤浅规范（如服装和头发）的影响，但对于谁具有魅力似乎的确存在一套数学基础，这一基础似乎适用于不同的文化，放之四海而皆准。

迈克尔·埃弗兰（Michael Efran，1974）和 E. W. J. 帕特森（E. W. J. Patterson）分析了加拿大的选举后发现，尽管有 73%的选民说候选人的魅力不会影响自己的投票，但富有魅力的候选人获得的选票却是其他候选人的 2.5 倍以上（Efran，1974）。

谢利·查肯（Shelly Chaiken，1979）做过的一项研究表明，富有魅力的人在发表演讲后，更容易得到他人的赞同。但部分原因在于，富有魅力的人更为自信。魅力和信心是互相关联的。一个人越是富有魅力，他的演讲、谈话或行动要求就越是自信，因此，他人也就越有可能顺从他的心意去做事。

如果你把一个富有魅力的人跟性暗示结合起来，说服力就更强了。我们将在第六章“本能”中对此展开讨论。

不管是不是“天生具有魅力”，你都可以通过衣着、姿势、自信和面部表情，让自己显得更具有魅力。或者，你还可以找一个富有魅力的人代你提出请求。

富有魅力的人更容易让人去做事。

借助名人

不是所有人都能请来名人发出呼吁为自己的事业捐款，也不是所有人都能聘请名人来帮忙销售产品。如果你的产品或服务能得到名人的认可，尽管放手去做。在人们眼里，大多数名人都是跟影响力、魅力、财富和地位联系在一起的。

策略 4

由什么人提出请求是个关键。如果提出请求的是朋友、某个富有魅力的人，或某个跟被请求者相似的人，效果最好。

人情债

如果是住在美国，你兴许知道美国人在节日里有送贺卡的传统。人们送上色彩鲜艳的贺卡，表达对节日和新年的美好祝愿。有一年，我给几个同事分别寄了一张节日贺卡。其中一个只来了公司几个月，我叫他约翰。我跟他并不太熟，但还是送了一张贺卡。他也回赠了我一张。不久之后，他离开了公司，我再也没见过他。

然而，好些年来，约翰一直给我寄贺卡，跟我分享他的一些家庭细节，包括照片等。因为他总是给我送贺卡，我感觉自己必须得还礼。我们互赠贺卡、信件和照片长达 15 年，哪怕我仅仅是通过工作短暂地结识了这个人。

当我们送别人礼物（很小的礼物，比如节日贺卡也行）或帮别人忙的时候，对方会觉得有所亏欠，很想回赠礼物或帮你的忙，这或许是因为对方人好，但更主要的还是为了摆脱亏欠的感觉。这基本上是一种无意识的感觉，而且非常强烈，它叫作互惠。

有理论认为，人类社会发展出互赠礼品和互换人情的做法，是因为它有助于物种的生存。如果一个人给了别人某样东西（食物、住所、钱、礼物或帮了忙），就会触发被赠者的亏欠感。如果最先赠送礼物的人发现自己日后需要什么东西，他就会“要求”接受礼物的人“还债”。这些安排鼓励了团队中个人之间的合作，而这些个体合作又推动了团队的成长和人们彼此之间的支持。

根据 J. R. 亨里奇（J. R. Henrich，2001）的说法，所有文化中都存在互惠原则。

你可以利用互惠来让人们做事。

如果你送给别人一份礼物，然后让他们替你做点什么，他们更有可能同意。

怎样让捐款翻倍

罗伯特·西奥迪尼（Robert Cialdini，1975）研究过互惠。他向美国一家退伍军人组织发送了一封邮件，请求捐款。邮件的平均回复率为 18%。但当信函里加入了专门针对收件人定制的个性化地址标签后，捐款率几乎增加了一倍，达到 35%。哪怕是像邮寄标签这样的小礼物也能触发互惠。

礼物的轻重不必对等

如果你请我出去享用了一顿很棒的晚餐并买了单，我会觉得对你有所亏欠。我想要缓解这种亏欠感。但是，我不必在同一个地方请你吃饭并买单。我也用不着带你去一个同样贵甚或更贵的地方。只要你帮了对方的忙，只要你回赠了礼物，礼物的轻重是无关紧要的。

很多时候，接受恩惠的人去买杯咖啡还礼，就足够表达谢意了。有时甚至都不用涉及金钱，而是帮你办件事，就能缓解我的亏欠感。

欠了情的人眼里才有互惠

亏欠感来自那个欠了人情债的人。如果你帮了我一个忙，你会感觉很好。感到焦虑、想要缓解亏欠感的人是我。礼物或恩惠的大小是否足以缓解亏欠感，完全取决于受恩惠方的看法。

策略 5

在尝试让别人做事之前，先替对方做件事，好让他感到有必要报答你。

先让人说“不”

为什么我想要别人对我希望他们做的事说“不”呢？想象一下，你正在向本地学校董事会做陈述。一群家长希望学校操场安装新的运动器械，你是他们中的一员。家长们选择你向校董会提出请求，为运动器械项目争取 2 000 美元。

在你进行陈述、提出请求的会议上，你向校董会狮子大开口，要 5 000 美元，其余的家长大吃一惊。校董们说，“不，我们不可能花这么多钱在操场的运动器械上。”你看起来很失望，接着你说，“哦，好吧，那我们也有一份节俭版的方案，只要 2 000 美元。”校董们请求看看方案，等到会议结束时，你的 2 000 美元项目得到批准。

上面发生的一切叫让步。校董们说“不”而你又接受了他们的“不”，这时候，“不”就充当了你送给校董会的一份礼物。于是，他们欠了你一笔人情债。当你提出 2 000 美元的节俭版方案时，他们为了减轻亏欠感便答应了下来。

这种手法有时叫作“想要窗户先拆屋”。发起者最初提出的要求，远远超过了大多数人的接受意愿。遭到拒绝后，发起者会提出另一项更为合理的要求，从而得到自己本来就想要的东西。

让步还能带来承诺感

在研究中，罗伯特·西奥迪尼（2006）在街上拦住人们，请他们陪同一群问题青年参加动物园一日游。只有 17%的人答应下来。

有时候，西奥迪尼会先请人们在两年内每星期花两个小时为这些问题青年提供辅导（这是个更大的要求）。此时，所有人都拒绝了。但要是西奥迪尼在这时候再请他们陪同问题青年参加动物园一日游，答应的人就有50%了。这几乎是只提出一日游请求时答应率（17%）的三倍。这就是让步在发挥作用。

西奥迪尼还发现了一个有趣的副作用。在让步组答应下来的人中，有85%真的参加了动物园一日游，而在没有让步环节里答应下来的人中，实际参加率仅为50%。

让步不光让人们点头答应，还增强了他们对行动的承诺感。

要求的大小区别是关键

为了使让步发挥作用，第一次提出的要求必须超出人们通常会答应的范围，同时在人们眼中又必须合乎理性。如果第一次提出的要求匪夷所思，那么第二次提出的后退一步的要求就无法发挥作用。

此外，在人们眼里，让步后的要求必须是“公平的”。

策略6

先提出比你真正想要的更大的要求。等遭到拒绝后，再提出你真正的要求。

利用模仿

如果你把脸正对着婴儿伸出舌头，婴儿也会朝你伸出自己的舌头。宝宝很小的时候（哪怕才一个月大）就会这么做了。那又怎么样呢？这跟让人们做事有什么关系？这是我们大脑天生固有的模仿能力的一个例子。近年来对大脑的研究揭示了我们的模仿行为是怎样发生的。

大脑正前方有个叫作前运动皮层的部位，它并不是大脑中真正发出行动信号的地方（做这件事的是初级运动皮层）。前运动皮层的作用是制定行动计划。

假设你手里拿着一支甜筒冰激凌，你注意到冰激凌正在融化，你想，或许该把融化部分赶紧舔掉，免得滴到你衬衣上。如果你正连接着一台功能磁共振成像机器，你会看到，当你想着要舔掉冰激凌融化部分的时候，前运动皮层亮起来，接着，等你挪动胳膊，初级运动皮层亮起来。

现在，有趣的事情出现了。假设拿着正融化着的甜筒冰激凌的人不是你，而是你的朋友。你看到朋友手里的甜筒冰激凌在融化往下滴。如果你看到朋友抬起胳膊，舔着滴落的甜筒冰激凌，你大脑中前运动皮层的相同神经元群也会随之点亮，就像你自己真正在做这件事一样。这一群神经元叫作“镜像神经元”。

最新的理论认为，这些镜像神经元也是我们跟他人产生共情的途径。我们通过镜像神经元来体验他人所体验到的事，从而让自己深刻地、真正地理解他人的感受。

行为模仿

这样说来，行为模仿，是让人们做事的一种方法。有人告诉过我她怎样让室友打扫公寓：两人正闲聊说着话，她便动手打扫起来。接着，她会开始把东西递给室友，用手势或头部动作示意室友把东西收起来。室友会开始模仿她的行为，最终打扫起卫生来。

策略 7

要让人们做某件事，先保证自己正在做（因为他们会模仿你）。

模仿肢体语言，构建融洽关系

观察两个人谈话。如果你仔细看，你会发现，随着时间的推移，他们开始模仿彼此的肢体语言。一个人朝前靠，另一个人也朝前靠；如果一个人摸自己的脸，另一个人也会摸。

塔尼娅·沙特朗（Tanya Chartrand，1999）曾让一人坐下来跟另一个人交谈（后者是实验里安插好的“卧底”，但实验受试者并不知情）。“卧底”会按照预定方式做各种手势和动作。实验方让一些“卧底”多微笑，让另一些“卧底”摸自己的脸，还让一些“卧底”抖脚。研究的参与者会开始（无意识地）模仿自己的同伴。有些行为的增加幅度很大：面部接触增加了20%，抖脚增加了50%。

在另一项实验中，沙特朗和同事约翰·巴奇（John Bargh）把参与者分成两组：

- 在第一组里，“卧底”模仿参与者的动作。
- 在第二组里，“卧底”不模仿参与者的动作。

谈话结束后，实验方问参与者有多喜欢自己的搭档，双方的互动进行得怎么样。在“卧底”模仿参与者的一组，参与者对搭档和双方互动的评价高于不模仿组。

本章前面曾说过，如果人们感觉自己跟你类似，那么他们更有可能被你说服。如果你想让人们做某事，那就在谈话中模仿他们的肢体语言和面部表情。这能建立融洽的关系，让对方感觉你跟他们类似，让他们喜欢你。这些事全都更有可能让人们去做你希望他们做的事。

策略 8

建立融洽关系，模仿他人的身体姿势和手势。这使你和他人建立了联系，使他们更有可能按你的请求做事。

人们会受你的情绪感染

你的面部表情和肢体语言不光能沟通信息，影响他人对你及你发出的信息的反应，还可能使他人产生特定的感觉。

你曾观察过别人看电影或电视节目吗？或者观察别人听朋友讲故事？如果你这样做过，你就知道，看电视的人会模仿自己所听所看者的表情甚至肢体语言。

情绪具有传染性

情绪可以像感冒或流感一样在群体中传播，而且还要快得多。本章前面讨论了社会认可（也即人们通过观察他人来决定做什么），以及效法和模仿。如果你把社会认可、效法和模仿结合起来，就能逐渐理解他人是怎样注意、识别和复制情绪的。

伊蕾恩·哈特菲尔德（Elaine Hatfield，1993）研究了“情绪传染”的概念。如果一段或一个概念具有情绪性，并在群体中获得了动力，那就会出现情绪传染，一种观点、感觉或行动如同病毒般疯狂传播。

人们模仿自己的所见所闻。如果你微笑，你周围的人往往也会微笑。如果你干劲十足，他们也会干劲十足。这就是说，当你游说他人做某件事的时候，你必须注意自己的肢体语言、声音，以及你对这个话题的热情。无论你怎么想、有什么样的感受，它们都将通过你的语言、语调和肢体语言传达沟通，并为你的谈话对象所接收和感知。

策略 9

要让人们去做某事，你自己必须对这件事表现出热情来。

疯狂传播

这本书中的许多主题是关于让一个人或若干个人去做事，理解什么能激励一个人，花时间跟具体的某个人共事以便让他们去做某件事。

但如果你是想让很多人，比如成百上千甚至更多的人一起做事呢？有没有什么心理学研究能告诉你怎样让大量的人去做事呢？

答案是：有！

让大量人做事的一种方法，是让你的想法和信息“疯狂传播”(go viral)。在线俚语词典“城市词典”（The Urban Dictionary）将之定义为，“一幅图片、一段视频或一个链接，被许多人频繁分享，在群体中迅速传播开来。”如果某件事被疯狂传播，它就获得了社会认可（我们在本章前面部分做了探讨）的推动力量。当你的想法或信息像病毒一般传播的时候，其他人也希望加入进来，做其他所有人都在做的事情。

在《蜻蜓效应》（*The Dragonfly Effect*）一书中，珍妮弗·阿克（Jennifer Aaker）和安迪·史密斯（Andy Smith）讲了一个叫萨米尔的年轻人的故事。他需要进行骨髓移植。因为没有匹配的捐献者，他的朋友们和同事们努力想把这个消息传播出去。他们的目标是，在三个星期内，在印度找两万人到骨髓库注册登记。他们事先做了计算，要找到匹配的捐献者，就至少需要有这么多人注册。他们利用技术把消息传播了出去。最终，他们达到了目标。

为什么有些想法和行动呼吁会疯狂传播开来，而有些却不会呢？

什么能疯狂传播

乔纳·伯格（Jonah Berger，2011）分析了《纽约时报》上的文章，来看看哪些文章能疯狂传播，哪些不能。他分析了三个月里报纸发表的 7 000 多篇文章。他的结论是，信息疯狂传播的最重要因素是它能引发强烈的情绪反应。排名最靠前的因素是引发强烈正面情绪（如敬畏）的信息，但紧随其后的是引发强烈负面情绪（如愤怒或焦虑）的信息。

在《蜻蜓效应》中，阿克和史密斯对这一分析做了补充。除了情绪之外，如果能传达出信息背后的人和组织的激情与承诺，且它们本身包含了一个故事（有关故事的影响力，更多内容可见第四章“故事的力量”），这段消息也会疯狂传播开来。

策略 10

要让某事疯狂传播，可使用强烈的情绪性内容、激情，以及一个能传达理念或行动呼吁的好故事。

纽带的力量

游行队伍里的参与者，在高中橄榄球赛上欢呼的球迷，以及在教堂里的人——他们有什么共同之处吗？他们都参与了“同步”活动。

一直以来，人类学家都对特定文化中的仪式很感兴趣，比如击鼓、跳舞和唱歌。斯科特·维尔特姆（Scott Wiltermuth，2009）和奇普·希思（Chip Heath）进行了一系列研究，观察同步行为是否会影响人们的合作方式，以及怎样影响。他们找了若干组参与者，测试了齐步走、不齐步走、一起唱歌以及其他不同动作的组合。

他们发现，参与同步活动的人在完成后续任务时，更有合作精神，更愿意做出个人牺牲来造福团队。

同步活动是指你和其他人一起从事的行动：大家肢体距离很近地在同一时间做同一件事。跳舞、打太极、做瑜伽、唱歌、击掌和彼此吟唱，都是同步活动的例子。

神奇的纽带激素

那么，当人们一起做诸如大笑、击掌或唱歌等事情的时候，为什么会建立纽带呢？

纽带的出现，是因为一种叫作催产素的激素。所有人都会在特定的时间释放催产素，尽管它在女性身上更为活跃。释放催产素最常见的原因是分娩和哺乳。但催产素也与情绪有关。当女性分娩后释放催产素时，它会带来一种母性纽带的感觉。但催产素不光在分娩时作用明显。

有研究发现，人们通过群体活动建立纽带时，催产素水平会升高。保罗·扎克（Paul Zak，2012）在《道德分子》（*The Moral Molecule*）一书中对此研究做了讨论。它解释了为什么参与群体活动，能让集体团结起来。

每当催产素释放出来，我们都能感受到爱、温柔、共情和信任。我们产生了一种归属感和连接感。不能向体内释放催产素的人，大多有反社会、心理变态或自恋倾向。

当你拥抱别人或是抚摸猫猫狗狗时，身体会释放催产素。事实上，研究表明，不光你的催产素会上升，狗的催产素也一样。

你可以把催产素看成是一种部落激素。一些研究表明，催产素与人对群体或部落的归属感，以及对群体或部落之外“其他人”的猜忌感相关。

维尔特姆和希思的研究还表明，为了变得更加乐于合作，你无须对团体或团体活动感觉良好。光是参与同步活动的行为，似乎就能强化群体成员之间的社会依恋。

笑声把人们联结在一起

你一天能听到多少次别人在笑？笑声无处不在，我们甚至不曾停下来想一想它是什么，为什么人们会笑。有关笑的研究，没有你以为的那么多。但也有少数人花了时间研究它。罗伯特·普罗文（Robert Provine，2001）是少数研究笑的神经学家之一。他的结论是，笑是一种能建立社会纽带的本能（非后天习得）行为。

笑的内幕

罗伯特·普罗文花了大量时间观察人们什么时候笑，为什么笑。他和所在团队观察了 1 200 人在不同地点自发地笑。他们对性别、环境、说话人、倾听者和语境做了记录。以下概述了他们的发现：

- 笑是普遍存在的：所有文化中的所有人都会笑。
- 笑是无意识的：你不能按别人的命令发笑——如果你试着这么做，只能让人发出假笑。
- 笑是为了进行社交沟通：我们独自一人时很少笑。而跟别人在一起，我们比独自一人时多笑 30 倍。
- 笑具有传染性：我们听到别人笑，自己会微笑，接着大笑。
- 婴儿很早（大约四个月大时）就会笑。
- 笑与幽默无关：普罗文研究了 2 000 多个自然发笑的案例，

它们大多数都不是“幽默”（如讲笑话）所带来的结果。大多数的笑是跟在寻常问候之后的，如“嘿，约翰，你到哪儿去了？”“玛丽来了”，或者“你考试考得怎么样？”这类对话后的笑声，让人们建立起社交上的纽带。只有20%的笑来自笑话。

- 我们很少在句子当中发笑，一般是在句末笑。
- 大多数的笑是说话者而非倾听者发出的。说话者比倾听者多笑一倍。
- 女性比男性多笑一倍。
- 笑代表社会地位。你在团队里阶层地位越高，你笑得越少。

策略 11

要让人们做事，首先要用笑或者某种同步行为将他们凝聚成一个群体。

人们需要同步活动来达成幸福吗？

乔纳森·海特（Jonathan Haidt，2008）在《蜂巢心理学、幸福和公共政策》（*Hive Psychology，Happiness，and Public Policy*）一文中提出，由于同步活动促进纽带的建立，故而有助于群体的生存。他认为，人类只有通过参与同步活动，才能获得某种类型的幸福。例如，许多人喜欢在乐队里演奏，到唱诗班唱歌，甚至参加教堂活动。这些都是同步活动。

怎样让人信任你

如果人们信任你，他们就更可能去做你希望他们做的事。但你该怎样让他们信任你呢?

事实证明，有一个非常简单的方法可以让人们信任你。你只需要触发催产素的释放即可。那该怎么做呢? 最简单的方法就是向对方展示你对他们的信任。如果你做了某件事表明你信任某人，对方也更可能反过来信任你。

那么，你怎样向别人表明你对他们的信任呢? 方法很多。这里有一些例子：

- 请他们做一件你通常会自己做的重要任务，放手让他们做。
- 把你公寓的钥匙给别人，让他们在你不在家的时候代为照料宠物，或者给植物浇水。
- 让他们借你的车。
- 请他们在一次重要会议上做报告。

当你采取行动表明信任某人，获得信任的人会释放催产素。反过来，这又可能提高他们对你的信任感。

策略 12

要让人们信任你，先向他们展示你对他们的信任。如果他们信任你，就更有可能做你希望他们做的事。

让说话者和倾听者的大脑实现同步

你想对一位同事提出要求。你希望他（或她）跟你一起从事一个项目，虽说这意味着要承担额外的工作。那么，你应该怎样接近他们呢？怎样才能让他们更有可能答应你呢？你应当亲自去他们的办公室，还是发一条信息更好？

大多数沟通专家可能会告诉你，要亲自去和他们谈。我们都知道，跟人面对面交谈比发送信息更好。如果你亲自去，你可以从一开始就发出笑声，为双方建立纽带。对方可以读取你的肢体语言（这既可能是好事也可能是坏事，一切取决于你通过肢体语言所做的沟通是否得当）。但还不止如此。你的声音也能帮你建立起重要的联系。

当你听别人说话时，你的大脑会开始跟说话人同步运作。格雷格·斯蒂芬斯（Greg Stephens，2010）在研究中，让参与者使用磁共振扫描仪听别人说话的录音。他发现，如果人在听别人说话，双方的大脑模式便开始匹配，或彼此镜像。相较于沟通发生的时间，大脑模式的匹配会稍有延迟。若干不同的大脑区域都会同步。斯蒂芬斯还让参与者倾听用自己不懂的语言所进行的对话。此时，大脑不同步。

在斯蒂芬斯的研究中，大脑越是同步，倾听者对说话人的想法和信息就越能理解。斯蒂芬斯观察了大脑的哪些部分会亮起，他看到大脑中与预测和期待相关的部位活跃起来。这些部位越活跃，沟通就越成功。

大脑中跟社交相关的部位也在同步。参与处理社交信息（这些信息对成功的沟通至关重要）的部位是活跃的，其功能包括辨别他人信念、欲望和目标。就沟通而言，听到他人的声音比阅读一条信息远为有效。所以，如果你希望让人去做事，他们需要听到你的声音——哪怕不能当面听。

策略 13

为了让人们做事，你需要直接跟他们的大脑进行同步沟通。他们需要听到你的声音。

竞争什么时候管用，什么时候不管用

我们想当然地认为竞争会激励人们做事，它的确能。但研究表明，有些情况下竞争有激励作用，有些情况下并非如此。

竞争激励男性，但它不激励女性

若干研究（Gneezy，2003）表明，男性和女性对待竞争的态度，有着性别差异。竞争往往能提升男性的绩效（条件是竞争者并不太多，请参考下一小节），但并不能总是提高女性的绩效。如果是女性跟其他女性竞争，那么，绩效偶尔会有改善，但改善幅度一般不大。如果是女性跟男性竞争，那么，竞争往往无法让女性的绩效有所提升。

竞争者少，等同于竞争行为更激烈

你参加过像 SAT 或 ACT 这样的标准化考试吗？你去考试时，教室里有多少人？这有什么关系？斯蒂芬·加西亚（Stephen Garcia，2019）和艾维沙洛姆·托尔（Avishalom Tor）所做的研究表明，它的关系说不定很大。

加西亚和托尔首先比较了教室里参考人数多的地方的 SAT 分数，以及参考人数较少的地方的 SAT 分数。他们调整了分数，控制了地区教育预算和其他因素的差异。结果发现，在人数较少的教室里参加 SAT 考试的学生，得分更高。

加西亚和托尔提出假设，认为竞争对手较少的时候，我们（或许是无意识地）会觉得自己能脱颖而出，于是更加努力。这个理论接下来推测，如果参考人数更多，我们很难评估自己的位置，故此力争上游的动力也就不太强。两人称之为“N 效应”，N 表示人数。

跟 10 个人竞争和跟 100 个人竞争

接下来，加西亚和托尔决定在实验室里检验自己的理论。他们请学生完成一套小测验，要求尽量快而准确地完成，前 20%的人可获得 5 美元奖励。

两人告诉 A 组学生要跟其他 10 名学生竞争，告诉 B 组学生要跟其他 100 人竞争。A 组参与者完成测验的速度明显快于 B 组。

有趣的是，房间里其实只有参与者一个人，并没有其他人。

参与者只是听说还有其他人正在参加测验。

如果你想让男性去做事，那就安排他们跟另外几名男性竞争。如果你想让女性做事，要完全避免让她们跟他人竞争——更不要让她们跟男性竞争。

策略 14

如果要使用竞争方式来激发人，只使用少量竞争者。

策略 15

不要使用男女混合的竞争。

人们会跟随领导者

过去 15 年的心理学研究揭示，人们无意识地处理信息，并对人做出非常迅速（一秒或更少）的无意识决定。

如果你想让人们做事，你需要让他们无意识地赋予你领导地位。你可以采用很多方式，确保自己成为他人眼里的领导者。

人们会跟随自己认同的领导者

20 世纪 60 年代初，斯坦利·米尔格拉姆（Stanley Milgram，1963）进行了服从心理学实验。参加研究的人以为自己是在参加一场有关学习和惩罚的实验。按照实验的要求，当另一个房间里的人回答问题出错的时候，参与者就要对之实施电击。实际上，另一个房间里的人是实验设计好的环节，他们并不会遭到电击。

每当“学习者”答错一个问题，研究员就要求参与者提高电击的电压。参与者看不到“学习者”，但他们能听到“学习者”每一次遭受电击时发出的惨叫。随着电压的提升，“学习者”发出的惨叫越来越厉害，最后甚至喊出“停下，请停下！”一类的话。最终，在最强的电压打击下，“学习者”陷入沉默，仿佛已经昏迷或失去了意识。

米尔格拉姆引发的道德风暴

斯坦利·米尔格拉姆的实验引发了一场风暴，事关与参与者共事时的伦理道德。几年后，米尔格拉姆研究的一些参与者报告说遭受着长期的心理伤害（“我竟然会电击他人？我到底是个什么样的人？”）。从那时起，大多数国家的心理学实验都必须遵循避免对参与者造成伤害的指导方针。

米尔格拉姆想要弄清，在权威人士的要求下，人会在多大程度上违背自己的道德准则去折磨另一个人。在实验开始之前，米尔格拉姆询问自己在耶鲁大学（实验在这里进行）的同事、研究生、心理学专业的本科生，让他们估计有多少人会把电压提到最大值（从最低值到最大值，中间相差 30 档）。人们的估计是 1%～2%。然而，在实验中，2/3 的实验对象把电压升到了最大限度，哪怕另一个房间的实验对象大喊（虽说是假装的）：“请停下！”

自 20 世纪 60 年代以来，大多数心理学家提及这项研究时，都将之视为服从权威的一个例子。但 2012 年，亚历山大·阿斯兰

（Alexander Haslam，2012）和斯蒂芬·莱谢尔（Stephen Reicher）重新分析了该研究的数据。他们提出，这更多的是出于对群体的认同而非服从权威。对实验中的学习者有认同感的人，拒绝对之电击，而认同实验员的人，有更大可能进行电击。

当我们认同一个群体时，我们更乐于追随这个群体的信念和行动，也更乐于追随这个群体的领导者。如果你把一个强势的领导者跟群体认同结合起来，让人们做事就容易多了。要求人们做某事之前，不妨让他们参与一项活动，让他们对你所在或所代表的群体产生认同感。例如，你可以使用本章前面介绍过的建立纽带的技术。一旦群体建立了纽带，成员们便会觉得自己更像是一个群体，那么，你就可以运用下面介绍的一种或几种技术，确立自己的领导者地位。

通过身体语言传达领导能力

汉娜要跟自己的团队讨论怎样遵循新的工作流程。她召集大家开会。让大家支持新设想很重要，她为队员们会做出什么的反应感到有些紧张。

会议开始了，她站在桌子后面，肩膀朝前耷拉着，没跟大家有任何眼神交流。等她开口，她短暂地朝周围扫了扫，接着便抱起双臂，盯着自己的笔记本电脑。她兴许并未意识到，但她正在发送出“我非常紧张”的信息。她没能激发人们的信心。

你走路和站立的样子、你的面部表情、你的眼神交流（或是缺乏眼神交流），都传递出你是紧张、自信，还是兴奋，等等。先判断你想要留给人什么样的印象，再思考你怎样用肢体语言加以传达。人们希望有一个强势的领导者。如果你的肢体语言流露出自信，听众也会受到激励追随你。

花时间“设定”你的身体

在你要求别人做事之前，先“设定”自己的身体。面向你正在说话的人，把身体重量平摊在双脚之间，稳稳地站着，看着对方，眼神接触，深呼吸，然后开始。乍看起来没说话就用掉了很长时间，但在别人的眼中并非如此。

除了最初的第一印象，在整个谈话过程中，人们还会无意识地对你的身体姿势做出阐释和反应。

留心姿势

为表现出权威和信心的样子，必须直接面对他人。为了表达合作之意，站在跟你说话的人旁边。你跟说话人之间不可有任何阻隔。人们需要看到你的身体才能信任你。展现身体，传达出信任、自信和权威之意。

注意头部的位置

当你和某人一对一谈话时，歪着头表示你对他们或他们所说的事情感兴趣，但它也可以是服从的迹象。如果你想传达权威和自信的态度，就不要歪着头。

站得正站得直

把身体重量均匀地分配在双脚之间，稳稳当当地站着，表明你非常自信。把身体重量放在一只脚上，或靠着桌椅之类的东西，会削弱你的自信和权威感。

不要坐立不安

不久前，我跟好些出色的演讲人一起，在一次会议上发言。我一直很想听一听有位演讲人的演讲，正好，他站起身来准备发言。他在自己的领域里很有名，但是我从来没有参加过他的现场演讲。

他讲得很好，但我无法集中注意力，因为整场演讲中，他都在不停地做着小动作。他会一只脚向前迈一步，接着另一只脚又后退一步，就像在小幅跳舞，一遍又一遍。这是一种坐立不安的表现，非常容易让人分神。

类似的坐立不安有很多种形式。有些人会在口袋里不停地掂钥匙，或者用脚或手指轻敲打拍子。坐立不安暗示你紧张、无聊或不耐烦。坐立不安的人不是领导者。

应对紧张

有时候，让别人做事会让你感到紧张。稍微感到紧张可以是件好事，因为它让你保持警觉，让你兴奋。但太紧张就是坏事了。紧张会传染。如果你感到紧张，它会损害你身为领导者的自信和地位。

肌肉和情绪是一条双向反馈回路。当你感受到情绪，身体便会表现出这些感觉。例如，如果你感到伤心，你的肩膀会往下耷拉，你站不直，嘴部的肌肉朝下动。但你是否意识到，这条回路反过来也能成立。你如果站直身体并微笑，心情就会变好。帕布罗·布里诺（Pablo Briñol，2009）的研究表明，当人们摆出自信的姿态，他们真的会感觉更自信。

在你开启一场要求他人做事的对话前，先到其他房间或者走廊去，练习你的身体姿势。深呼吸，身体站直，头伸直。如果你采取这种自信的身体姿势，你会感到更自信。

策略 16

当人们把你视为领导者，他们便更有可能做你希望他们做的事。而要成为他人眼里的领导者，要被视为领导者，你必须通过身体的姿势和体态来表现出自信。

你的手势在说些什么

你是否看过自己跟他人交谈的视频？如果有人能在你进行自然交谈时录下你们的视频，你的手势在“说”些什么？

观察人们的谈话和手势。有些人使用的手势和他们所说的内容搭配得当，有些人会做出过分夸张、可能会扰乱注意力的手势，有些人则完全不怎么用到手势。不管你属于哪一种，注意自己的手势都很重要，说不定，你还需要练习一些新的手势。

完全不使用任何手势，传达出缺乏兴趣之意。一定要让跟你说话的人看到你的手。如果他们根本看不见你的手，他们很难信任你。

- 手掌向上摊开的意思是，你在向受众提出邀请。

• 双手摊开，手掌呈 45 度，表明你诚实、坦率。

• 双手摊开，手掌向下，意味着你对自己正在说的事情很确定。

• 双手呈 90 度，手指并拢，表明你对自己所说的事情自信，且拥有专业知识。

• 手摸脸、头发或脖子，会让你显得紧张或犹豫不决，手交叉放在胸前也一样。

• 双手叉腰站着，暗示你的攻击性很强。有时候采用这样的姿态也是合适的（比如在谈判上），但使用之前务必三思。

注意

有关肢体语言，我最喜欢的一本书是加罗・金赛・高曼（Carol Kinsey Goman）的《领导人的身体语言》（*The Silent Language of Leaders: How Body Language Can Help - or Hurt - How You Lead*）（Jossey-Bass，2011）。

手势可能有着文化含义

几年前，我要在葡萄牙里斯本举办的一场会议上做演讲。这是我第一次去里斯本，我立刻就迷上了当地著名的特制奶油糕点。

一天早上，我走进一家面包店，点了两份糕点。我举起两根手指，类似于美国的"胜利"或"和平"手势。面包店柜台后面的人把三份糕点放进包装盒里。后来我才知道，在葡萄牙，表示"二"的手势应该是竖起拇指和食指。尽管当时我并未伸出拇指，但柜台后面的人以为我示意的是“三”。

我很幸运，我碰到的麻烦无非是多买了一份糕点罢了。很多手势并非全球通用。如果你要跟来自陌生国度或文化背景的人交谈，最好做些调查，找出哪些手势可能会遭到误解，完全没人理解，或是会被视为冒犯。

时不时地使用比身体轮廓大的手势来表示某些特定的事情，这没问题。比方说，如果你正在谈论自己的组织正在发生一场全新的巨大变革，那么你的手可能会向外伸出，超过自己正常的身体范围。但如果你所有手势的动作幅度都那么大，人们会觉得你失去了控制，乱成一团。

策略 17

为了具备说服力，你的手势必须跟自己所说的内容相匹配。

脸和眼睛也在说话

大脑中有一个特殊的部位专门关注面孔，称为梭状面部识别区（fusiform facial area，FFA）。该区域位于大脑的情绪部位。你的脸向跟你交谈的人传递着重要的情绪信息。脸部和眼睛的动作，都将影响你传递的信息。

无意识面部表情

你仔细观察过电视上的新闻播报员吗？哪怕在宣布坏消息或悲惨消息，他们也总是面带微笑。这种表情并非自然产生的，必须经过练习才能变得带点自动意味。

请试试这个练习：针对你打算让其去做事的人，准备几句对话。把词语记下来，这样你不用看笔记就能把这几句话说出来。现在，站在镜子前说这几句话，就好像你在跟这个人对话一样。除非你在讲一个有趣的故事，否则，你在镜子里的表情很可能十分严肃。

我们很容易忘记我们的脸能展现许多种表情，说不定，我们根本没意识到这一点。你在让别人做事的时候，兴许正在努力思考，因此会皱眉；又也许，你感到紧张，忘记了要说什么，所以看起来有些抓狂。你正在与之对话的人，便会根据你的面部表情做出反应。

有一些面部表情和眼睛动作值得留心：

- 频繁眨眼：这可能是紧张的表现。眨眼可能表示你不太舒服，也可以解释为是你被自己看见的人所吸引。
- 直视对方：在谈话中直视某人，可以传达出你对对方很感兴趣，并且给予关注。不过，长时间地瞪着人看，暗示你在威胁他们。
- 频繁转移视线：表明你很紧张，或是在说谎。
- 咬下嘴唇或者抿嘴：表达担忧、不安全感和恐惧。

• 睁大眼睛，微微扬起眉毛：表示警醒和感兴趣。

策略 18

当你直视对方且面带微笑时，你会更具说服力。

语调表达含义

如果你曾到讲陌生语言的国家旅行，无意听到一段对话，你说不定会惊讶地发现，就算你听不懂任何一个单词，你也能跟进、理解对话中的感觉。辅助语言学研究的是语音交流，它独立于人所说的具体的话。

仔细想想，你可以用许多种方式来说“这种新的团队安排一定会很棒”。你可以满怀热情地说，也可以带着讽刺地说，或者有气无力地说。你说这句话的方式所传达的信息，跟词汇本身一样多，甚至更多。这里有些事值得你仔细思考：

• 根据你所说的意思，调整自己说话的语调和音量。如果你始终用同样的语调和音量说话，你听起来会很乏味，而且显得对所说的话题缺乏激情。

• 让辅助语言跟你的信息保持匹配。如果你对一个想法感到兴奋或激动，那就说得大声些，语速快些，音调变化更多些，从而传递你的热情。

• 大声说话，好让听众听得见。说话声音太轻，会传递胆怯或紧张的信息。

·每一个字都吐音清晰，尤其要注意句子的结尾。人们往往容易在这些地方断句吞音。说话清晰，能传递出你的自信和权威感。

·要注意停顿。如果你感到紧张，你会越说越快，很少停顿。在发表重要声明或提出问题的前后稍作停顿。你的沉默和你的言语同样重要。

策略 19

为激发他人做事，要精力充沛、热情洋溢地进行沟通。

人靠衣装

你可能听过“人靠衣装”或“成功靠衣装”这两句话。研究对此做了证实。

门罗·莱夫科维茨（Monroe Lefkowitz）、罗伯特·布莱克（Robert Blake）和简·穆顿（Jane Mouton，1955）曾让实验人员在一座城市里违反交通信号灯横穿马路。当他身着西装时，跟着他一起闯红灯的人是他身着工作衬衫和长裤时的 3.5 倍。西装传达了权威感。

在伦纳德·比克曼（Leonard Bickman，1974）所做的一项研究中，实验人员在街上拦住一个人，指着 50 英尺外的另一个实验人员说：“你看到那边计时停车收费器旁边的那家伙了吗？他停车超时了，但没有零钱，去给他点钱吧！”接着便走开。

“那边那家伙”其实是实验的一部分。如果下命令的人穿着制服（如警卫制服），那么大多数人会顺从指示，向计时停车收费器里付点钱。如果他穿着普通，顺从他的人只有不到一半。

你必须判断自己的着装是为了获得权威感，还是为了跟他人相似。如果是为了获得权威地位而着装，这里的指导方针是，比说话对象至少要穿得高一个档次。如果是使人觉得是“群体中的一员”更重要，那就穿得跟你交谈的人一样。

策略 20

为了让人们做事，你要么利用相似性穿得让他们喜欢你，要么就利用权威感穿得比他们高档。

怎样在几秒钟内变成领导者

卡梅隆·安德森（Cameron Anderson，2009）和加文·基尔达夫（Gavin Kilduff）对群体决策做了研究。他们安排了四组学生，分别解决 GMAT 考试中抽选的数学题。借助标准化的数学问题，研究人员可以评估小组的解题能力，此外，还可以查看小组组员在本科入学时的高考分数，比较其能力。

研究人员将解题过程中的小组对话录为视频，稍后进行回顾，以判断每组人里谁是领导者。他们让多组观察者观看这些视频，看看人们是否能对谁是领导者达成共识。他们还让小组成员确认本组的领导者。每组人都对谁是本组的领导者持同样看法。

安德森和基尔达夫感兴趣的是，领导者为什么成为领导者。

在小组开始解题前，所有人都要填写一份问卷，衡量其支配水平。如你所想，领导者们在支配性测试中得分都很高。但这并不能说明他们是怎样成为领导者的。是他们的高考数学分数最高？（不是。）是他们欺负别人，非要让自己做领导不可？（并非如此。）

答案让研究人员大吃一惊：领导者会率先发言。对 94％的问题，小组的最终答案是他们提出的第一个答案，而具有支配性人格的人总是第一个发言。

人们听从领导者的建议，也更有可能去做领导者建议的事情。如果你想成为领导者，如果你想让人们做事，一定要抢先发言。

策略 21

率先发言，你就会被视为领导者。如果你是领导者，就更容易让人去做事。

第三章　习惯

你把新习惯锚定在现有习惯上，它立刻变得自动化，毫不费力了。

不管你是否意识到，你的日常行为有很多都是由习惯组成的。它们都是你不假思索便会自动去做的行为。你每天都按一样的方式做它们。

你试图改变习惯的有意识体验，大概并不是正面积极的。或许你试着戒烟，想要多锻炼身体。戒除旧习惯，或者建立新习惯，是不是都显得很难呢？如果是这样，你兴许会好奇我为什么建议用习惯来调动人们去做事了。

习惯也许很难养成，也很难改变，但如果你了解形成习惯的科学原理，你就会发现，你可以做一些相当简单的事情，让习惯变得更容易形成，甚至相对容易改变。

实际上，如果你想让人们做事，有两个原因可以解释为什么理解和利用习惯物有所值：

• 因为习惯是自动化的行为，如果你能让人们养成一个新习惯，去做你想让他们做的事情，那么，他们很可能在较长一段时间内自动重复这一行为，再无须你做任何事。

• 如果你知道一个人现在的习惯，你可以朝这些现有习惯里加入一个新习惯。

习惯的科学

在《习惯的力量》（*The Power of Habit*，2012）一书中，查尔斯·杜希格（Charles Duhigg）介绍了有关习惯的最新科学。他解释了习惯如何形成，并将提示、例行程序和奖励联系起来。

当人形成了一个习惯，必定有提示可触发该习惯，而该习惯的例行程序就会自动执行，接下来获得与该习惯目的相关的奖励。奖励会强化习惯，并让它在下次提示出现时再次发生：

提示→例行程序→奖励

在书中，杜希格实际上把它画成了一个圆圈，因为他把奖励和提示也联系了起来。让我们来看一个简单的例子：大多数人在醒来时都有一套例行程序或习惯。我的起床例行程序是：

• 刷牙。

• 使用水牙线。

• 梳头。

接下来，我每天早晨还会做另外两件例行之事：

• 检查电子邮件。

• 查看这一天的日程表。

我的早餐例行程序是：

• 用炉子烧水准备做咖啡（我用的是滴滤咖啡杯，不是咖啡机）。

• 开始煮鸡蛋。

• 开始烤面包。

你的例行程序或许有所不同，但跟我们所有人一样，你这一整天里或许有数百件事的例行程序：

• 你怎样离开家去上班。

• 你怎样开车或走路去上班。

• 当你准备动手工作，你怎样安排。

• 你怎样打扫房间或公寓。

• 你怎样洗衣服。

• 你怎样为亲戚选购礼物。

• 你怎样锻炼，到哪儿去锻炼。

• 你怎样洗头。

• 你怎样给家里的植物浇水，什么时候浇。

• 你什么时候去遛狗，到哪儿去遛。

• 你怎样喂猫，什么时候喂。

• 你晚上把孩子哄上床的惯例。

人人都有习惯。对大多数人来说，在大多数时候，习惯不知不觉养成并自动执行。习惯帮助我们所有人做许多生活中需要也想要做的事情。由于我们可以在不假思索的情况下执行习惯，它解放了我们的思考过程，让大脑用到其他事情上。这是大脑在演化中获得的一个提高效率的窍门。

策略 22

为了让人长时间地自动做某事，你可以让他们养成一个新习惯，或改变一个现有的习惯。

习惯是怎样形成的

如果你懂得习惯是怎样形成的，你就能弄清怎样针对你想让人们做的事情，让他们养成新习惯。习惯不光会无意识地自动执行，而且也是在人不知不觉中养成的。我们大部分的习惯，都是在无意间养成的。

举个例子，假设说你有一个习惯是每天早晨在家吃一顿烤面包配咖啡的便捷早餐。有一天，你的闹钟没响，你起床晚了，于是你省略或跳过了一些常规习惯。那天，你省略的一个惯例是吃早餐——因为没时间了。上班途中，你在一家咖啡馆停下来，买了一杯咖啡和一块糕点带着去上班，或是直接在车上吃。

几天后，同样的事情再次发生——你真的需要买一个新闹钟了！不过没关系，你又一次在那家咖啡馆停下来，喝了杯咖啡，吃了块糕点。

第二天你准时醒来。今天你不会迟到，但你决定不在家里吃早餐，而是到咖啡馆去，买一杯咖啡和一块糕点。新的习惯上路了。你所做的是打破旧习惯。请记住杜希格的习惯循环：

提示→例行程序→奖励

旧习惯是：

下楼→做早餐→吃早餐

现在你的新习惯是：

看到咖啡馆→买一杯咖啡和一块糕点→吃饭

如果你想让人们做事，而他们本来就有一个习惯，那么你需要看看你能否创造新习惯，代替原来的旧习惯。更具体地说，对于无意识形成的习惯，你必须想出新的“提示→例行程序→奖励”循环，来代替现有的“提示→例行程序→奖励”循环。

假设你是一家小律师事务所的律师。你有一名叫佐伊的接待员，每天工作结束时，她的办公桌总是乱成一团。她的习惯是一直工作到下班前的最后一分钟。

而当助理律师朱迪每天下班离开时，她会经过佐伊的办公桌，对她说：“再见，佐伊，明天见。”这时佐伊才意识到，自己要赶不上火车了。就在这一刻，她飞快地跑出门，就让工作文件散乱地摊在办公桌上。

有时，你的客户会很早来开会，而佐伊此时还没上班，桌上的杂物自然无人整理。你不希望别人看到她凌乱的办公桌。你想过把她的办公桌搬到走廊尽头有门的办公室，但你又真的需要她坐在前门边，她也真的需要能在视线范围内看到门。反过来说，这也就意味着所有走进门来的人都能看到她的办公桌。

你试着跟佐伊谈过，让她注意时间，下班离开之前花点时间清理一下办公桌，但不管你跟她说了多少次，情况似乎都没有改变。

佐伊在不知不觉中建立了如下习惯循环：

提示→例行程序→奖励

她的习惯是这样的：

听到“再见，佐伊”→抓起皮包、外衣，飞奔出门→搭乘早班火车，赶在丈夫之前回家

你希望打破这一习惯循环，代之以新的习惯循环。你希望新的例行程序能让她在下班离开之前花上几分钟整理办公桌。

提示→整理办公桌→奖励

你需要新的提示和新的奖励。

让我们先从奖励着手。

佐伊过去曾跟你提过，她没有足够的时间和你浏览文件与做决定，所以，多给她分配一些时间，可以视为奖励。如果她喜欢搭乘早班火车，也可以将之作为奖励。你可以只做前者，或将两者结合起来。

提示→整理办公桌→跟老板一起用 30 分钟浏览文件等

或是

提示→整理办公桌→和老板一起用 30 分钟浏览文件，提前 15 分钟下班，搭乘早班火车

现在你需要寻找提示。我建议你不妨先把自己视为提示：在佐伊下班前一个小时，你说，“佐伊，现在 4 点了吗?”佐伊会抬头看看钟，说是的。“你不如把桌子整理好，到我办公室来。我们花上 30 分钟来浏览一下你问我的那些文件吧?”如果有必要的话，

你可以站在佐伊的办公桌前，看着她把办公桌收拾好。

接下来，你跟她一起工作 30 分钟，然后说："今天就到此为止吧。现在时间还有点早，但你的桌子已经收拾好了，那干脆早点下班，你就能赶上早班火车了。"

请注意，这时候朱迪还没来得及走过来说"再见，佐伊"，因为还没那么晚。这意味着你在打破老习惯的提示。

现在，你可能建立的新习惯如下：

提示→例行程序→奖励

老板说，"佐伊，现在 4 点了吗?"→整理办公桌→跟老板花 30 分钟，清理烦人的零散工作，提前几分钟下班

你把不知不觉中建立的旧习惯换成了一种有意识开始的新习惯。新习惯最终也会成为无意识的。

我建议你按照如上所述的步骤干上一个星期，接着切换提示。一个星期之后，你说，"佐伊，到 4 点了吗?"接着在电脑上给她设定每天下午 4 点响起的闹钟，这样，闹钟就成了提示，不用每天再由你提醒了。不过，你不妨再用一两个星期检查佐伊办公桌的整洁情况，再结束跟佐伊开小会的循环。

策略 23

要让人建立新习惯，必须弄清提示和奖励。

怎样有意地调动无意识

在前面的例子中，佐伊并没有打算改变自己的行为。因为习

惯会在无意识中执行，所以也很容易在无意识中养成习惯。

但有意识的习惯又怎么应对呢？你能让人有意识地改变一种习惯吗？你能，但仍然必须调动无意识。

如我们所见，习惯在很大程度上会无意识地执行。如果我们试着依靠有意识的思考来改变习惯，会非常困难。所有人都尝试过有意识地、故意地改变自己的习惯，但就算往好了说，我们所得到的结果也并非次次都顺遂人意。为了把习惯变成自动行为，我们必须调动无意识。

我想用一个亲身经历的故事来说明它是怎么运作的。我会定期少量锻炼，保持健康，缓解压力。但我没法说自己是个真正享受锻炼的人。

然而，我家人和朋友们最近惊讶地发现，我开始慢跑了。我不仅开始慢跑，还每隔一天就跑一次，很少错过。我不仅每隔一天跑一次，还很期待跑步——我享受这种经历。这是怎么回事呢？

我是怎么从一个知道自己应该锻炼但只是少量锻炼的人，变成了一个每星期数次慢跑一小时并喜欢它的人呢？是因为我许下了多锻炼的新年愿望吗？还是说，我对自己说了一百遍“我爱慢跑”？

都不是。此事基本上并非我有意为之。

我去英国拜访一个朋友，她告诉我，她在苹果手机上下了一款小软件，叫作“从沙发土豆到跑完 5 公里”（Couch to 5K），我觉得听起来挺有意思，也下载了该软件试试看。我一直喜欢寻找新的技术小玩意儿尝鲜。

这款软件会跟你“说话”，告诉你做些什么。它从很简单的事情开始，主要是大量的步行，间或加插 1 分钟的跑步。一个声音准确地告诉你该做什么，发生了什么（“开始跑”，或“慢下来，走一走”，或“你已经完成一半了”）。

在每一次锻炼中，跑步对走路的比例都在增加，等到 9 个星期的最后，你已经能跑完 5 公里了。随着你使用这款软件，你可以从小图表上看到自己的进展。在每一次的训练流程中，你都能看到它的进度，还能看到整体进展。

这款应用程序利用了三个关键因素来帮助人们养成新的、有意识的习惯。它们太重要了，所以我将之称为“秘诀”：

• 秘诀一是，采用循序渐进的步骤让人坚持下去。

• 秘诀二是，一旦人决定要尝试，就不必再做其他任何决定。人必须排除在所有决定外。在“从沙发土豆到跑完 5 公里”中，你唯一要做的决定就是启动程序。其他的一切（跑多长时间，跑多远，什么时候跑，什么时候走，用多长时间来热身，用多长时间来冷身），都由软件决定。程序替你决定一切。

• 秘诀三是，人可以看到自己朝着目标的进展。尤其重要的是，人可以看到自己还剩多远要走（见第五章“胡萝卜加大棒”了解更多相关情况）。

如果这三个秘诀都做到位了，那么这个习惯就能毫不费力地轻松建立起来，也很容易坚持下去。

“从沙发土豆到跑完 5 公里”成为习惯循环：

提示→例行程序→奖励

软件里的语音说，“先走路 5 分钟来热身”→照着语音说

的做就好→在图表里看到我的进度

当我结束了为期 9 周的“从沙发土豆到跑完 5 公里”计划时，我可伤感了。所以，我下载了“从沙发土豆到跑完 10 公里”，从头开始！

你实际上无法替别人建立习惯——必须由当事人自己来发起例行程序。但你可以提供初始的提示。比方说，你可以提供一套框架：应用程序、软件、媒体、工作表格和图表，将例行程序分解为小步骤。你可以让例行程序变得自动化，不必由当事人自己做决定。你可以对他的进展提供重要反馈，距离完成例行程序还有多大的工作量，实现“提示→例行程序→奖励”的习惯循环。

策略 24

为了鼓励一种习惯的养成，把想要的行为分成小步骤。

策略 25

为了让人们开始建立一种新习惯，要把它变得尽可能简单，当事人除了需要决定开始例行程序，无须做任何决定。所有其他步骤都应当尽量自动执行。

策略 26

为了让人们坚持新习惯，向其展示成果和进步。习惯的建立，需要对当前发生的一切给予大量反馈。

怎样在一个星期内建立新习惯

我曾经认为要建立新习惯很难。在我之前写过的几本书里，我甚至收录了要花多长时间才能建立新习惯的内容。事实上，在我之前的一些书中，我甚至包括了如何花很长时间养成一个新习惯的章节。我引用了菲利帕·拉利（Phillippa Lally，2010）的研究，该研究表明，人们平均要用 66 天形成一种习惯，比较简单的习惯用 18 天，更复杂的习惯甚至要用 254 天不等。

但我最近碰到的一次经历，让我得出了这样的结论：如果你知道习惯怎样运作，也知道怎样运用这一知识，那么，养成习惯并不需要那么长的时间。是什么改变了我的想法呢？我报名参加了 B. J. 福格（B. J. Fogg）的“3 个小习惯”项目。

福格靠着怎样说服他人的知识建立起了自己的事业。截至撰写本书期间，他的网站（tinyhabits. com）上提供了一次你可以尝试的简单体验。

你或许跟我一样，觉得很难养成一个新习惯，但你可以在一个星期内轻松地养成 3 个新的小习惯。试试看吧，去网站注册，用 5 到 10 分钟阅读介绍信息，思考 5 分钟后决定你要养成哪 3 个习惯，接着每天只用一两分钟来“练习”你的习惯。

福格给了你一个星期的时间，但我发现，短短 3 天，习惯就牢牢地建立起来了。在撰写本书期间，事情已经过去了几个月，但我仍然每天坚持这 3 个习惯，就像个时钟。

这怎么可能呢？这不是公然否定了有关习惯的传统智慧吗？奥妙在于锚定。我们知道，现有的习惯是自动的，非常强大。为什么不把它利用起来呢？为什么不搭乘现有习惯的顺风车，为它附加一个新习惯呢？

首先，福格让你找出一个想要养成的小习惯。他强烈建议这个习惯要非常小，非常容易做。我选择的习惯之一是每天早晨醒来第一件事就是喝半杯水。我喝水不够多，我认为这会是个易于着手的好习惯。我要建立的具体例行程序是：

喝半杯水，再把水杯加满

为了保证自己容易做到，我在卧室里放了一只水杯。

接下来，我要选择一个锚点。锚点是来自你现有习惯的提示。每天早晨醒来后，我都要服用一种治疗甲状腺功能缺陷的药物。这是一个已经建立的习惯。所以，这就是我想要建立的新习惯的锚点。

在一个星期的时间里，每天服药后，我都会喝半杯水，接着到隔壁的浴室里把水杯续满，再把水杯放回卧室的桌子上，为第二天做好准备。

现有提示→现有例行程序成为新提示→新例行程序

起床→服药成为新提示：服药→喝半杯水，再把水杯加满

你把新习惯锚定在现有习惯上，它立刻变得自动化，毫不费力了。我现在养成了 3 个从前没有的新习惯。我用了 3 天的时间来培养。

福格要你养成 3 个新习惯。喝水是其中之一。我选的另外两

个习惯是：

· 每天早上给手和脸涂抹保湿霜。

· 赶在一天里我忙着开始工作并忘记拟定清单之前，拟定当天希望完成的三件事的清单。

我知道，这些习惯似乎都不大像能让生活变得焕然一新的习惯，这里的概念是学习怎样使用锚点，并意识到根据现有习惯创造新习惯有多么容易。

为增加这两个新习惯，我必须寻找现有的习惯作为锚点。对保湿霜，我以刷牙来锚定。我每天早上都刷牙，这是个已经养成的习惯，无须思考。

现有提示→现有例行程序成为新提示→新例行程序

起床→刷牙成为新提示：刷牙→涂保湿霜

对拟定当天希望完成的三件事的清单，我把检查电子邮件的习惯作为锚点。每天早晨，我都会检查电子邮件。这也是一个我已经养成的习惯。

现有提示→现有例行程序成为新提示→新例行程序

每天坐在办公桌前开始工作→检查电子邮件成为新提示：检查电子邮件→拟定当天希望完成的三件事的清单

我惊讶极了。多年来，我一直认为学习新习惯要花上几个月的时间，但几天之内，我就轻松地养成了 3 个新习惯。当然，这些都是简单的小习惯，可重点也就在这里。我们可以毫不费力地养成的习惯，都是可以把现有的习惯作为锚点附加其上的小习惯。

利用锚点让其他人养成新习惯

如果别人并不想养成某一习惯，你是没法帮他们的，但你绝对可以通过锚点来鼓励别人建立一个新习惯。你可以分析情况、现有的习惯及提示，并建议对方：

- 养成什么样的新习惯
- 使用哪一个现有习惯作为锚点
- 新的提示和例行程序是什么

如果你想要人们改变的特定行为相对较小，那么，帮助他养成新习惯会是一种运作效果最佳的激发动力。如果你想要人们改变的行为比较大，或是不怎么具体（如改变一种观点，而不是改变一种具体行为），那么，你需要本书中介绍的其他动力。

但如果你想要人们改变的是小而具体的行为，那么，习惯和自动化行为，就可以实现你想达成的目的。

策略 27

要建立一个新习惯，把它跟一个现有的习惯锚定起来。

策略 28

如果你想让人们做一件相对较小的事情，而且希望他们无意识、自动地去做，你应该借助建立新习惯这种方法。

第四章　故事的力量

让人改变其故事，进而改变他们的人格面具，是让人做事最有效也最持久的途径。

本书中所介绍的观点，没有哪一个能比运用故事影响行为这个观点更强大有力。我们所做的每一件事，都跟一个故事有关：我们是什么样的人，我们跟他人有着怎样的联系……这类故事里有许多是无意识的。但不管是有意识还是无意识，我们有关自身的故事，都深深地影响着我们的思考和行为方式。如果你能改变一个人的故事，就能改变其行为。

我记得许多年前有一段时间，我正经历着一连串的危机。当时我 30 岁，刚刚艰难地结束了一段长期关系。我搬到了一座全新的城市，在那儿没有一个熟人。我接受了一份自己拿不准喜欢还是不喜欢的工作。我租了一处自己负担不起的房子，因为没钱买家具，只好把床垫直接铺在地板上。接着，我发现自己的新住处到处都是跳蚤。

我把所有衣物拿到距离新工作地点几个街区外的洗衣店，放进洗衣机。一个小时后，我跑出办公室，把衣服放进烘干机，接着又跑回办公室。又过了一个小时，我出去从烘干机里取衣服，发现有人把它们偷走了。

多年以后，我仍然记得自己带着什么样的心情回到公司里。我静静地坐在办公室，在这家公司，我一个星期前才入职。我用手撑住我的头。方圆几百公里，我没有朋友，没有家人。我感到非常脆弱和孤独。我必须一个人弄清这些事情是怎么发生的，该怎么对付。为什么我会做出这一连串糟糕的决定？我应该接受这份工作吗？我应该搬到离家人和朋友这么远的地方来吗？为什么我明明住不起那么贵的房子却还是把它租了下来？

突然间，我猛地醒悟了。

这次危机发生的 10 年之前，我经历了一段艰难的时期，双亲相继去世。我必须坚强、独立，照顾好自己。我有一种信念，我告诉自己："我是个坚强的人，我能应对任何危机。"我意识到，我（无意识）所做的决定，最终会导致更多的危机，这至少在一定程度上是因为，在我想来，我能克服它们，就可以借此证明自己的坚强。我相信，我是一个能够克服所有困难的坚强的人。我有一种坚强独立者的人格面具。这一人格面具很有用，也很有帮助。我经历了一连串的挫折，我必须把自己想成是一个坚强的人才能熬过难关。

但是这种人格面具，以及环绕它的故事，已经失效了。故事和人格面具成了问题。我意识到，我需要改变故事，才能改变人格面具。我领悟到，如果我能改变这两者，我就能开始做出不同的决定。而反过来，这些决定也会让生活变得更轻松，没这么多糟心事儿。我将发现，自己做出的决定会带来更轻松、更愉快的结果。

我大声说："我的生活简单而优雅。"我花了几分钟，把自己的生活将有什么样的不同、为了让生活变得简单优雅我应该变成什么样的人、我应该做哪些不同的事才能成为一个能过上简单优雅生活的人等等写了下来。我向别人寻求帮助——不仅是朋友和家人，甚至包括我不太熟悉的人。我为自己的新人格面具书写了一个新故事。

正巧，一位新同事经过我的办公室，探头问："最近怎么样?"我原来的人格面具会装出一副勇敢的面孔，说："棒极了，一切都很好!"但新的人格面具说："唉，其实不太妙。"

我给她讲了跳蚤和自助洗衣店的故事。结果，她的公寓有一间多余的空卧室，她邀请我过去住两天，把一切安顿好。我给房东打了电话。在我暂住在同事家期间，他用烟熏了房子，但他没能成功地驱除跳蚤，于是我说服他允许我解除租约。我的同事跟我成了朋友，她建议我搬去和她一起住，而不是另外重新找地方。我攒下了钱，交到了一个新朋友。她帮助我适应新城市，还把我介绍给她的朋友。我开始做一些让生活更容易的决定。而且，我的生活真的变了，变得轻松多了。我学会了怎样寻求帮助和依靠别人。我改变了自己的故事。我改变了自己的人格面具。我不再是一个“准备面对并处理危机的坚强的人”，而是一个“能接受帮助、依靠朋友的人”。

现有研究证明，故事的力量可以塑造个人故事、人格面具，进而改变信念、行为和生活。蒂莫西·威尔逊（Timothy Wilson）在《积极阐释力》（*Redirect: The Surprising New Science of Psychological Change*，2011）中描述了有关“故事编辑”的研究。以下是来自他书中的定义：

> 一套旨在对个人及周围社会世界叙事进行重新定位，并能带来持久行为变化的技巧。

我在经历跳蚤和自助洗衣店事件时并未意识到这一点，但我确实修改了故事，改变了自己的行为。我对自己运用了修改故事的技巧。

那对其他人呢？你能修改其他人的故事，让他们做事吗？答案是肯定的。

在这一章，我们将讨论如何使用“故事编辑”，以及另一种叫作“故事提示”的技术，让人们做事。你将学习怎样运用故事影响人，以及为什么故事如此强大。我们还将讨论人格面具，也就是我们对自己和他人所讲述故事相互交融、共同勾勒出的自我描述。你将学会怎样利用现有的人格面具让人做事，以及怎样让人改变自己的人格面具。

如果你跟别人现有的人格面具对抗，你很难改变对方的行为。在本书的许多章节，你所借助用来让人做事的方法，其实并不是要真正改变他人对自己是怎样的人的看法。但本章的策略将帮助你激活甚至改变他人的现有人格面具，让人采取特定行动。迄今为止，让人做事最简单的方法就是让他们改变自己的故事。**让人改变其故事，进而改变他们的人格面具，是让人做事最有效也最持久的途径。**

我实实在在地感受到你的疼痛

当我们读到或听到一个故事，我们大脑的反应，在一定程度上就像是自己在经历这个故事。

在故事的各个可消化模块里，蕴含着大量的信息。故事把事件分解成更小的单元，从而方便我们更好地理解所传达的信息。

听到“说书人”这个词，你大概想到的是某个十分夸张的家伙，用不同的声音向小孩子讲故事。但其实，人人都是说书人。

想想看，在典型的一天里，你跟其他人的交流是什么样的。你早上醒来，告诉家人你做了一个梦（故事）。在工作中，你告诉同事前一天的新产品设计会议上发生了什么（故事）。吃午饭的时候，你告诉朋友你要和家人团聚，还有你请假去旅行的打算（故事）。下班后，你和邻居谈论晚上散步时遇到的狗（故事）。

我们日常生活中的大多数交流都是以故事的形式进行的。然而，我们很少停下来思考故事和故事的讲述。故事的讲述无处不在，我们甚至意识不到自己正在讲故事。如果工作上有人建议你参加有关怎样在职场上清晰沟通的研讨会，你大概会参加。但如果有人建议你参加关于讲故事的研讨会，你或许会嗤之以鼻。大多数人对我们沟通交流的主要方式既不了解也不欣赏，真是太可惜了。

故事涉及大脑的诸多部位。当我们读或者听故事时，大脑有许多部位都是活跃的：

- 大脑新皮质中的听觉部位负责阐释声音（如果是在听故事）
- 视觉和文字处理（如果是在读故事）
- 大脑里的所有视觉部位（因为我们正在想象故事里的人物）
- 很多时候还包括了中脑里的情绪部位

一个故事不仅传达了信息，也让我们感受到了故事中人物的感受。塔尼亚·辛格（Tania Singer，2004）对共情的研究考察了大脑各部位对疼痛的反应。首先，她使用功能磁共振成像扫描，观察参与者体验到疼痛时大脑的哪些部位是活跃的。她发现大脑中有一些区域处理的是疼痛的来源和疼痛的强度。大脑的其他部位分别处理疼痛的不愉快程度，以及疼痛对当事人的折磨程度。

接着，她要求参与者阅读关于其他人体验疼痛的故事。当参与者阅读关于某人疼痛的故事时，大脑中处理疼痛来源和疼痛强度的部分并不活跃，但处理疼痛不愉悦程度的区域却进入活跃状态。我们听到有关疼痛的故事时，实实在在地体验到了他人的至少部分疼痛。同样道理，其他人的快乐、悲伤、困惑和知识，我们也至少能体验到一部分。

故事是我们理解彼此经历的途径。

轶事 VS 故事

鉴于我们的大脑对故事的反应方式，故事是传达信息的最佳途径。如果我们亲身经历过某件具体的事情，就更有可能给予承诺，采取行动，做出决定。故事模拟真实的体验。较之只提供数据的做法，如果你给人们讲述一个故事，他们有更大可能对信息采取行动。

假如你要向工作部门的领导提及你与客户的近期对话。你希望团队同意基于数据为一个新项目提供资金。你采访了 25 位客户，还对另外 100 位客户做了调查，你有大量重要数据可供分享。这时候，你打算申请资金。

你首先想到的可能是罗列一份数据汇总，采用数值/统计/数据驱动的方式，比如：

- 我们采访的客户里有 75%……
- 只有 15%的客户回应了调查，这暗示……

但这种基于数据的方法，说服力没有故事和轶事强。就算你希望收录数据，但如果能聚焦于一件或多件轶事，比如，“来自旧金山的玛丽小姐分享了她使用我们产品的故事……”接着便讲述玛丽的故事，你的陈述会有更为强大的影响力。

策略 29

如果你用故事的形式来传递你的支持性信息和数据，人们更有可能按你的要求去做。

内心故事驱动着我们的行为

我们借助故事来思考。我们向自己讲述的个人故事影响着我们的行为。

这里有一个例子：

有人在敲你的门。

你认出那是邻居家的孩子。他在卖爆米花，为自己在学校加入的俱乐部筹款。俱乐部想去参加州大会。你的反应是什么样的呢？

它取决于你在学校、筹款、邻里关系方面的自我故事或人格面具。这里有一个你可能会联想到的故事：

> 我是个很忙的人。我在家只想放松，而不是被门口卖东西的家伙狂轰滥炸。我不喜欢在家时有人用什么筹款计划来打扰我。学校应该为学生外出旅行买单，而不是让我们去买这种昂贵的爆米花。这可怜的孩子不应该受到责备，但我也不打算买爆米花，因为它只会助长此类行为。总得有人在这件事上采取正确的行动。我是那种按照原则做正确事情的人。我要友好而坚定地拒绝。

也有可能，你会联想到以下的故事：

> 哎哟，孩子们要去参加州大会，这不是很好吗？我记得自己高中时参加过一次类似的旅行，真的很好玩。或许没那么有教育意义，但绝对好玩！我是那种鼓励学生多在社区之

外体验生活的人。我是那种支持学校的人。我打算买些爆米花来帮这孩子的忙。

又或者，你联想到了以下故事：

总有孩子来卖东西，这让我有点烦。但这是当个好邻居的一部分。我是社区的一分子，是我们社区的好公民。我会买爆米花，因为一个良好的社区成员应该这么做。

多重人格面具

我们对自己是什么样的人、什么对自己重要是有设想的。究其本质，我们随时都有一个关于自己的"故事"。这些自我故事（或人格面具），对我们的决定和行动有很大的影响。

我们实际上拥有不止一种人格面具。为了在生活的各个方面与他人更好地联系，我们有着不同的人格面具。例如，我们有作为丈夫或妻子的人格面具，有作为家长的人格面具，还有职场人格面具，以及界定我们与邻里关系的人格面具。

保持一致的渴望

我们做决定，基本上会忠于自己的人格面具。大部分基于人格面具的决定，都是无意识下做出的。我们努力保持一致。我们希望做出符合自我设想的决定。当我们做了一个符合自己某种人格面具的决定或行动时，我们能够感觉到这个决定或行动是对的。如果我们所做的决定或行为，与我们的人格面具不相符合，我们会感到不舒服。

一旦我们做出了与人格面具一致的决定，我们就会努力与该人格面具保持一致。日后我们将有更大可能做出与该故事或该人格面具相一致的决定或行为。

下一节中，我们要看看怎样利用这种保持一致的渴望让人们做事。

策略 30

如果你能让人们改变自己的人格面具故事，他们就会改变行为。

怎样调出人格面具

由于人格面具对决定和行为有着强大的掌控力，你可以通过激活他人现有的人格面具来影响某人做不做某事，以及具体做些什么。你可以激活一种人格面具，并将该人格面具与具体的行为联系起来。这是一种让人采取行动的有力方式。以下有一个例子。

杰弗里负责为他最喜欢的地方慈善机构“为就业提供援手”（Lend a Hand for Jobs）筹集资金。这家机构意在帮助那些难以找到工作的人。它提供面试培训及面试用的商务服装，以帮人们找到工作。杰弗里要给当地一个商业团体做演讲，他希望该团体答应向本慈善机构捐款。

杰弗里准备的演讲内容是介绍这一慈善机构做的所有了不起的事情，还有那些得到帮助的人的例子。他拍了许多受助者的照片，希望在展示了照片并讲述了成功故事之后，这个商业团体会投票决定捐款。他能成功吗？他们会捐钱吗？会捐多少呢？

如果杰弗里能激活一种人格面具，他有更大概率让当地商业团体捐款，并有更大概率筹措到更多的钱。什么样的人格面具，会让商业团体的决策者们乐意捐钱甚至捐赠更多钱呢？这里有一些可能的情形：

- “我是那种会向需要帮助者伸出援助之手的人。实际上，我加入这个本地商业团体，原因也就在这儿，因为这个团队喜欢帮助我们社区里有需要的人。”

- “我是一个成功的商人。实际上，我很成功，所以有能力回馈社区。我所在的这个本地商业团体里有许多跟我同样成功的商人。我们是最优秀的精英群体。”

- “我拼命奋斗、努力工作，才换来今天的成就。这不是件容易的事。我曾一度失败，陷入麻烦。多亏有人愿意帮助我，我才振作起来，走向成功。这个本地商业团体里有许多跟我一样曾陷入困境的人。”

- “我拼命奋斗、努力工作，才换来今天的成就。这不是件容易的事。我曾一度失败，陷入麻烦。没人愿意帮助我，我只能一切靠自己。但现在我成功了，我不愿意去想那些苦日子。我所在的这个本地商业团体里有许多成功的商人，不曾像我这样苦苦奋斗。我想忘掉自己从前的生活。我站在了人生的巅峰，这才是最重要的。”

杰弗里的陈述方案和捐款请求，恐怕无法同时成功激活上面所有的人格面具。

让我们来看看，他现在的方案针对每一种人格面具的效果怎样，怎样改进效果会更好。他的方案大概能相当好地激活第一种人格面具。不过，他可以先举出本地商业团体向其他类似慈善组织捐赠的例子，加强自己的陈述。这么做能提醒商人们想到第一种人格面具。提起类似的捐款，讲述需要帮助的人的故事，杰弗里将激活“伸出援助之手”的人格面具。这样，等他请求捐赠的时候，商人们答应的概率会更大，给出的捐款说不定也更多。

杰弗里的方案在第二种人格面具上就不那么成功了，谈及需要帮助的人，只能部分地激活它。杰弗里不应该强调该本地商业团体过去为帮助有需要的人做了哪些了不起的事情，而应该首先谈起这一团队里的每个人所做过的成功生意、所取得的精彩成就。他应该提到一些世界名人在生意成功后回报他人的故事。激活这一“优秀精英”人格面具，更有可能带来捐赠意向，以及更高的捐款额度。

杰弗里的方案对第三种人格面具是个很好的起点，但他还需要把慈善项目中个人身上所遭遇的具体故事收录在内，这一点更加重要。他需要故事来展示一个人，过去怎样挣扎奋斗，最终实现了成功。像这样的故事，能激活“靠努力脱离困境”的人格面具。

最难瞄准的是第四种人格面具。事实上，这一种人格面具太难打动了，杰弗里不太可能成功。他必须使用本章后面介绍的部分技巧（如故事编辑），把这种人格面具切实地改变成另一种人格面具，才能期待收到良好的效果。

杰弗里越是能够调整信息来激活某种人格面具，他就会越成功。理想条件下，杰弗里能够针对自己熟悉的人一对一地游说。此时，他可以定制信息，让它跟这个人的人格面具相吻合。

不过，他兴许要向整个团体做陈述。这个团体里的人，他认识得越多，就越容易预见到存在什么样的人格面具，并据此改变自己的信息、故事和陈述。他对团体中的人越是不了解，就越是只能猜测可能存在什么样的人格面具。杰弗里不太可能在同一场陈述里激活四种甚至更多种人格面具，但他肯定可以对陈述进行合理安排，激活两种甚至三种人格面具，如果他想要实现最大的筹款可能性、最高的筹款额度，他无疑应该这么做。

激活现有的人格面具，针对该人格面具定制信息，这是让人做事的有力工具，而且相对容易。不过，改变别人的人格面具要稍微复杂一些。因为人们希望在人格面具上保持一致，所以，让人改变现有的人格面具是比较棘手的，但这做得到。下一节便将向你展示怎样改变现有的人格面具。

策略 31

在要求别人做某事之前，激活一种跟你想要他们所做之事有关系的人格面具。

“裂缝”策略

在前一节中，你已经了解到，人们希望人格面具始终保持一致，而让人们做事最简单的一种方法是先激活一种能毫不费力引导他们按你心意采取行动的人格面具。

但我们也看到，有时候，人们的人格面具跟你希望他们做的事情并不吻合。如果你试图对抗一种现有的强大人格面具，人们是不会如你所愿去做事的。但人格面具有可能改变。

这本书是我在 2013 年用一台苹果 MacBook Pro 笔记本电脑写的。这听上去似乎没什么特别的地方，其实不然。故事是这样的：

我初次使用计算机，是在 20 世纪 70 年代读研究生的时候。我学会了给大型“主机”和小型“迷你”计算机编写程序。到 80 年代个人电脑革命爆发时，我亲身参与其中。有一年，我甚至卖过个人电脑。最终，我开始了咨询生涯，为财富 1 000 强企业做界面设计和可用性方面的工作。

在 20 世纪 80 年代和 90 年代，财富 1 000 强公司主要使用基于视窗系统的计算机，截至本书撰写时，它们仍然如此。我的客户很少使用苹果计算机。“严肃的”计算机用户使用视窗系统（如果你真的非常严肃，则使用 Unix 系统）。苹果计算机用户对象是艺术家。如果你是“技术人士”，你使用视窗系统的个人电脑。我是个技术人士，我使用视窗个人电脑。然而，我丈夫是个“苹果人士”。他是报纸编辑，在工作中使用苹果电脑为报纸排版。

我和丈夫都会顽皮地为自己所选择的技术辩解。他喜欢说视窗个人电脑有多么可怕、他的苹果电脑是多么棒，随着时间的推移，我学会了不搭理他。他也学会了使用视窗系统的个人电脑，因为我们的家用电脑是我在工作上淘汰下来的。我负责家里的电脑，它们全都使用视窗系统。一说起“什么是最好的电脑”，我们学会了求同存异。“精通技术的用户”这种人格面具，深深地在我身上扎了根。

后来，苹果公司推出了 iPod。孩子们游说我们给他们买 iPod，我们买了。由于我是一个“精通技术的用户”，我买了一台 MP3 播放器，但我没有买 iPod。iPod 是苹果公司生产的，我的人格面具不适合做苹果的粉丝，但我的 MP3 播放器很难用。iPod 很酷，我的 MP3 播放器又丑又没法用。所以，我买了一台 iPod。当我打破自己“不用苹果、全用个人计算机”的人格面具，买了一款苹果产品的时候，我扎扎实实地感受到了一丝不和谐的刺痛。

但它不过就是一台 MP3 播放器，对吧？所以，这只是一个略微跳出我通常人格面具的小举动，没什么大不了的。

这就是裂缝。

我给自己的“个人电脑用户”人格面具引入了裂缝。我现在成了一个使用苹果产品的个人电脑用户。我喜欢我的 iPod。随着时间的推移，我的个人电脑用户人格面具逐渐消失，我变成了一个相信苹果产品的人。我的人格面具开始转变，几年后，我的视窗系统笔记本过时了，我买了一台 Mac 笔记本。不到一年，我变成了只用苹果产品的人。

有趣的是，直到我丈夫走进我在家里布置的工作间盯着看，我才意识到了这整个过程。我一边在苹果手机上聊天，一边在苹果笔记本上打字。我的 iPad 放在身边，背景是苹果电视。我完全投入了苹果阵营。说到科技，我现在有了苹果的人格面具。

注意

在本章稍后探讨“从小事着手”的部分，我们会谈到为什么这些小小的改变是如此强大。

我不知道苹果是不是本来就打算靠着推出电脑周边数码产品 iPod 来撬开人们的视窗个人电脑人格面具，但它显然对我发挥了作用，很可能也对其他很多人发挥了作用。

一旦人格面具得以确立并激活，让人采取行动、做出符合该人格面具的决定就容易了。不过，如果对方处于活跃状态的人格面具跟你希望他做的事情不相吻合，你可能就需要弄清楚怎样改变该人格面具。如果你对某人的人格面具展开全面攻击，试图从外部（你处在外部）让他们改变对自己是什么人的认识，你不可能成功。但如果你能为现有的人格面具撕开一道裂缝，就有机会让人戴上新的人格面具。在后文的承诺、故事编辑和故事提示部分，你将学会更多鼓励人改变人格面具的技巧。

策略 32

当你为现有的人格面具撕开一道裂缝，你就可以随着时间的推移改变该人格面具。

“锚点人格面具”策略

如果你想让人们去做事，但是没有现成的人格面具，你该怎么寻找裂缝呢？你能创造新的人格面具吗？

如果某人现在就有一种人格面具，你可以将之视为锚点，这样就更容易从中创建新的人格面具。如果有人来敲你家的门，问你愿不愿意在前院架起一块外观不太好看的大号广告牌，上面用大写字母写着“谨慎驾驶”。

你认为你会答应吗？反正，在1966年加利福尼亚州帕洛阿尔托进行的一项研究实验里，大部分的受试者拒绝了。

乔纳森·弗里曼（Jonathan Freedman，1966）和斯科特·弗雷泽（Scott Fraser）让一名研究人员假装成志愿者，挨家挨户请业主们允许在他们自家前院安装这样一块告示牌。研究人员给业主们看了将要安装的告示牌的照片。告示牌相当大（基本上会把整个前院都给占满），而且十分丑陋。这可不是业主们想要在自家院子里竖立起来的东西！只有不到20%的人答应在院子里架设此种告示牌，这没什么好奇怪的——老实说，奇怪的是竟然会有20%的人答应这么做——这是实验的对照组（A组）。

实验接下来是这么做的：

研究人员创建了人员随机挑选的B组，并请他们在自己汽车后窗上贴一块写有“小心驾驶”字样的3英寸小告示牌。3个星期之后，另一名不同的实验人员跑去询问他们是否有兴趣在自家的院子里安装一块巨大的“小心驾驶”告示牌。

构成C组的是实验人员联系的人。该实验人员请他们签署一份请愿书以“保持加利福尼亚州的美丽”。过了3个星期，另一名实验人员询问他们是否有意在自己的院子里安装一块巨大的“小心驾驶”告示牌。

在对照组（A 组）中，只有 20％的人同意在自家院子里安装“小心驾驶”的大型告示牌。B 组和 C 组的情况会怎么样呢？

B 组（实验方先是请受试者在自己的车窗上贴一张“小心驾驶”的小告示牌，其后才请他们在自己的院子里安装大告示牌）同意的人有 76％。

C 组（实验方先是请受试者签署一份“保持加利福尼亚州的美丽”请愿书，这是一项跟“小心驾驶”完全不同的事业）有 46％的人答应在自家院子里安装巨大的丑陋告示牌。

值得注意的是，在 B 组和 C 组中，回去提出第二个请求的实验人员是不同的——换言之，这两组中的受试者答应其请求，并不是因为他们跟请求者存在私交一类的联系。

20％对 46％，20％对 76％。为什么在另外两种情况下，有更多的人答应在自家院子里安装一块又大又丑的告示牌呢？第一个原因与激活现有人格面具相关，这一点我们已经在本章稍早的部分讨论过。B 组受试者因为答应在汽车后窗上贴上“小心驾驶”的小告示牌，激活了他们的一种人格面具。在他们讲述的故事里，自己成了关心整个社区的人；自己非常注重安全。故此，实验方后来请他们在院子里安装巨大的丑陋告示牌，在大多数人看来，这个请求跟自己的人格面具相符合。

但 C 组是怎么回事呢？C 组的人首先受邀签署一份“保持加利福尼亚州的美丽”请愿书，之后又被研究人员请求安装“小心驾驶”的告示牌。C 组答应请求的人是对照组 A 组的两倍（46％对 20％），虽说没有 B 组高（76％）。

这是因为请愿书激活的人格面具是“我是一个关心社区的人”，但并不一定激活了“我是一个注重安全的人”的人格面具。“我是一个注重安全的人”是一种新的人格面具，是根据最初的锚点人格面具创建出来的。因为这是一种新面具，所以它的力量不够强——但它是个很好的开始。

当你激活一种现有的人格面具时，你制造了一个裂缝，你可以从裂缝引入一种相关的新人格面具。在稍后受邀做一件有些不同的事情（在院子里安装巨大的“小心驾驶”告示牌）时，该请求激活了一种跟现有人格面具相关的新人格面具。最初的人格面具“我是一个关心社区的人”跟“我是一个注重安全的人”不一样。但两者是一致的，而且很容易建立联系。

你可以使用某人现有的人格面具作为锚点，更轻松地从中创造出新的人格面具。你可以提出一个能激活现有人格面具的请求，等当事人同意之后，再提出一个符合你想要创建的人格面具的请求。以下是一些配对人格面具的例子：

- 现有人格面具：“我是一个关注自己身体的人。”
- 容易创建的新人格面具：“我是一个关注儿童健康的人。”
- 现有人格面具：“我是一个节俭的人。”
- 容易创建的新人格面具：“我是一个投票支持削减政府债务的人。”
- 现有人格面具：“我是一个富有创造力的人。”
- 容易创建的新人格面具：“我是一个喜欢尝试新鲜事物的人。”

在下一节，我们将扩展这一设想，展示怎样获得小的承诺，甚至是与现有人格面具不一致的行动。

策略 33

要让人们做某件事，可以使用现有人格面具作为锚点来创建相关的新人格面具。

从小事着手

随着时间的推移，小的行动会带来人格面具的大幅改变。在前一节中，我们展示了怎样以现有人格面具作为锚点来创建新的人格面具。在此种情况下，我们是在用现有人格面具作为锚点。

但如果你想让人做出决定或采取行动，又没有现有的相关人格面具可供锚定，那该怎么办呢？你能让人做与其现有人格面具不一致的事情吗？

答案是肯定的，但你必须从小事着手。还记得我在本章前面讲过的从视窗用户人格面具转换到苹果用户人格面具的故事吗？我现有的人格面具是“我是视窗用户”。如果有人一开始就建议我变成“苹果用户”，我肯定不屑一顾。如果有人建议我购买苹果笔记本电脑，我会拒绝。这些要求太大了。我的人格面具是“我是视窗用户”，让它一下骤然变成“我是苹果用户”，这样的转变太大了。如果我们想让人们做出这样的重大改变，我们必须从小事着手。

小事是什么意思？“小事”是一种行为，就算它跟人现有的人格面具不一致，也不会叫人敲响警钟。一个小小的行动请求并不会让我觉得自己违背了现有的人格面具。

如果行为足够小，人有可能做出有违现有强大人格面具的行为。一旦人采取了行为，他们实际上会稍微调整一下人格面具，适应刚刚采取的行为。

当我们采取一个与现有人格面具不一致的小行动时，它实际上开启了一种新的人格面具。我们兴许并未意识到它的发生，但现在新的人格面具已经存在，接下来我们会受邀去做一系列与新人格面具相吻合的事情，而我们也更容易继续去做这些与经过修改的新人格面具相一致的行动。

如果你请人们采取一些小的行动，不妨使用这种“小承诺/逐级上台阶”的方法来创建一种全新的人格面具。如果你想要某人采取行动，你需要对方先对一件小事做出承诺。这件小事可以跟当事人现有的人格面具相吻合，也可以不吻合。两者越是不相一致，你所要求的行为和承诺就得越小。

举例来说，如果科琳娜认为自己是一个“为慈善事业捐款的人”，你兴许能够说服她捐出一些钱，花上一两个小时投入你所推广的慈善事业当中。但要是她认为自己是“一个像所有有志者那样能自我振作的人”，你就需要从真正的小事开始。你不可既要钱又要她付出志愿劳动，你必须从其中之一着手。

无论你是在请求人们做某件与其现有人格面具相符合的事情，还是请求人们做某件与之不符的事情，只要你能让人采取行动，哪怕是极小的行动，该行动日后也能带来更大的行动。

策略 34

要改变人格面具，就要让人去做一件与其现有人格面具不一致的小行动。

付诸公开

在弗里曼和弗雷泽的上述实验中，部分参与者在他们的车窗上贴了一张告示。他们“小心驾驶”的承诺成为公开承诺。**人们所做的承诺越是公开，该行动对未来行动的影响就越大，其人格面具的改变就越有力。**

如果我们所做的行动只有自己知道，我们就并未展示自己的承诺。如果我们不展示自己的承诺，长期的人格面具变化，就会比我们采取别人看得见的行动时要小。

弗里曼实验里的受试者在院子里安装告示牌或者在车窗上贴宣传口号，这是在做出公开承诺。公开承诺会带来更有力、更快速的人格面具变化。

怎样获得公开承诺

除了要求人们在自家前院安装告示牌，还可以怎样让人们做出公开承诺呢？并且，怎样通过人们的公开承诺，让他们更有可能采取进一步的行动呢？

如果有人对你的组织、公司、产品或服务做出了承诺，你可以请他们当众表示支持来强化这一承诺。

举个例子，假设你经营一家连锁酒店。当顾客住进你的酒店时，你请他们填写一份问卷。这份调查问卷是公开承诺的一种形式。如果他们对你的酒店评价高，那么，他们就做出了公开承诺。务必要在问卷中问：他们有多大可能再次入住你的酒店？问卷调查不光可以为你的产品和服务获取数据及反馈，它还是让人们做出公开承诺的一种方式。

你甚至可以向尚未成为你客户、跟你的组织没有关联的人发送调查问卷。如果你询问他们对你的组织、产品或服务的看法，他们给出了肯定回答，那么，他们就做出了公开承诺，日后将有更大可能跟你打交道。

承诺越是公开，就越有可能得到坚守——因此对你受众当前和将来的行为影响也越大。让你的受众完成一份匿名问卷调查，比什么承诺都没有要好，但如果你请他们提供证明或推荐信，或是让他们写一份评论发表在网上，你能从受众身上获得更强的承诺。

当人们给出推荐、证明或写评论的时候，他们等于在说，“我是一个相信这款产品的人”，“我是一个向这家组织捐款的人”，或者“我是一个从这家公司买东西的人”。

对他人而言，评论是社会认可的一种形式（见第二章“归属需求”），而对评论者本人而言，它是一种承诺。如果我们写了一条积极的评论，我们希望与之保持一致，这也就意味着我们将采取更多的行动与相关网站、公司和组织进行互动。如果你希望为自己的品牌、公司或产品获得访问者的承诺，一定要让他们有机会写下评论。

不要花钱购买承诺

罗伯特·西奥迪尼（Robert Cialdini，2006）报告说，如果人是为了获得更大奖励而做出公开承诺，并非出于他本心，那么，这个人的承诺就并不深刻，未来他也不会兑现承诺。如果我们相信，自己出于内心信念而非强大的外部压力而主动选择采取特定行为，我们会感到更强烈的承诺感。例如，丰厚的奖励或许能让我们采取行动，但它不会让人为该行动产生内在责任感，我们也并不认为自己做出了任何承诺。

策略 35

如果你能让人做出公开承诺，让他们做事也就更容易了。

策略 36

不要花钱购买承诺。

写能提高承诺感

当我们把东西写下来，尤其是用手写，我们对它会有更强烈的承诺感。跟思考或讲述某事比起来，写会提高我们对设想和行动的承诺。

莫顿·多伊奇（Morton Deutsch，1955）和哈罗德·杰拉德

（Harold Gerard）请人们估计画在纸上的若干线段的长度。他们考察的是他人观点对决策的影响。他们让另一些人（这些人是实验的一部分）故意错误地估计这些线段的长度。

受试者是会接受自己听到的错误估计，还是坚持自己所认为的正确答案（承诺）呢？

研究人员发现，人们会根据房间里其他人所做的估计，调整自己对线段长度的估计。这跟我们在第二章“归属需求”中讨论的社会认可概念是一致的。

但多伊奇和杰拉德还考察了是否存在某些情境，人会更强烈地坚守自己对决定的承诺。在听到其他人所估计的线段长度之前：

• 1 号小组将自己的估计写在纸上，无须签名，也无须将纸上交。

• 2 号小组将自己的估计写在一块“魔术垫”上，只要把面上覆盖的膜一掀，字迹就会消失，而且没有人会看见。

• 3 号小组将自己的估计写在纸上，签名，实验结束后还要把纸上交。

这些小组在坚守承诺（也即对线段长度做出的判断）的强烈程度上有什么不同吗？

2 号小组最容易改变决定，给出错误的估计。1 号小组和 3 号小组改变答案的概率，都仅仅是 2 号小组的 1/5。不管听到别人怎么说，他们对自己最初估计的承诺感都更强。

签不签名，是否需要把自己的估计上交，似乎并没有什么影响。光是把估计写到相对固定不变的东西上这一行动，就足以让

1 号小组和 3 号小组的人做出承诺了。

手写改变大脑

当我在研究生院写博士论文时，第一稿是手写的（好吧，我承认，我已经很老了！）。如今大多数的写作是通过敲击键盘完成的。这本书，我是在笔记本电脑上写的，我跟朋友和家人的大部分沟通是通过电子邮件进行的（电子邮件当然也是在我的笔记本电脑键盘上输入的）。不过，仍然有几种东西我会使用手写——我最重要的日常工作清单，还有我的大部分商业计划。如果你停下来想一想，哪些东西你会用手写，哪些东西你会用键盘写，你会发现挺有意思的。但它是否重要呢？

雷扎·沙德梅尔（Reza Shadmehr，1997）和亨利·霍尔柯姆（Henry Holcomb）考察了人们手写（比如用钢笔或铅笔写）和用键盘打字时大脑的活动。由于手写和打字所涉及的肌肉不同，沙德梅尔和霍尔柯姆发现，人们用手写会留下更强的记忆。

策略 37

人们用手写下自己的承诺，会带来更强的承诺感。

提示新故事

在本章的开头，我讲述了怎样把自己的故事从“坚强独立者”改变为“拥有简单优雅生活的人”的经历。对于故事怎样改变长期行为，蒂莫西·威尔逊在《积极阐释力》中描述了大量留给人深刻印象的研究。威尔逊称这种技术为“故事编辑”。

如果你能让别人根据你希望他们做的事情，重新改写自己的故事，这有可能带来长期而巨大的改变。故事编辑已经用到了帮助处理创伤后应激障碍和风险青少年上。它还可以有效地让员工按时上班，或是把一个人从孤独的“领头狗”变成乐于协作的团队成员。

故事编辑技术本身十分简单，似乎不太可能带来如此深刻明显的改变。在其他章节我介绍的让人做事的技巧，哪怕只是改变一种简单的行为，都涉及大量的工作。如果改变一种简单的行为都要大费周章，那么，怎么可能轻松地在几分钟内改变整个人生呢？

故事编辑技术强大得就像是魔法，但它不是。当我们写出一个新的故事来描述自己是什么样的人，自己这样的人为什么会这么做，我们怎样跟他人相处时，这个故事就改变了我们的人格面具，我们将有意无意地开始做出与该故事一致的决定和行为。你现在还知道，如果你能让别人把故事用手写在纸上，效果会更好。

但如果你没法让别人停下来思考，写出新的故事呢？这难道意味着你无法利用故事的强大影响力？好在答案是，你仍然可以利用故事来改变行为，就算你没法让人坐下来写出一个新故事，你也可以为他们提供一个故事，而且效果几乎同样好。

这里有一个例子，来自威尔逊对大学生的研究：

一些大学生在新生第一年表现不太好。他们在一次甚至多次考试中成绩分数很低，他们开始琢磨“我力不从心了”，“兴许我不属于这所大学”，或是“我不够聪明”一类的事情。

学生们陷入了一个自我挫败的故事中。因为他们认为自己力不从心，所以他们越来越力不从心。他们不再学习，开始逃课。这当然使他们成绩越来越差，从而进一步让他们相信，他们没法在大学里成功。

并非所有的学生遇到困难时都会出现这样的反应。有些学生也许会创造一个不同的故事，比如：“这门课比我想得要难”，“我猜高中功课还不足以让我应付这堂课”，又或者，“我得更努力地学习，说不定要再找个辅导老师”。这些学生的故事能让他们花更多的时间学习，寻找更多的帮助，从而考出更好的成绩。

但这里的问题是：如果不要求学生为自己写出一个新故事，你能不能迅速地给“自我挫败”的学生提示出一个新故事，让他们感受到更多的力量和希望?

威尔逊让那些讲述自我挫败故事的学生参加一项实验。学生们以为自己参加的是大一新生对大学生活持什么态度的问卷调查。威尔逊告诉学生们，他们将看到来自早些时候对高年级学生的调查结果，以便了解问卷上将提出什么样的问题。其实，威尔逊给他们看从前的调查结果，是为了给他们提示出一个新的故事。

然后，学生参与者看到了高年级学生的调查结果，了解到很多人大一时成绩都不好，但随着时间的推移，他们的成绩提高了。参与者还看了对 4 名高年级学生的视频采访，后者讲述了自己怎样意识到大学的课程比自己想象中更难，于是更努力地学习，并去寻求帮助。

视频里的学生谈到自己的成绩随着时间的推移逐步提高。

参与实验的学生总共花了30分钟，听其他从前成绩差、后来分数提高的学生讲述这段经历。这就是实验的整个内容。他们没有获得任何建议，或是了解更好的学习习惯。他们只是听到了一个不同的故事。

参与者不知道这项研究的目的是提高他们的成绩。威尔逊希望，就算参与者自己没有意识到，他也为他们提示了一个新的故事。他希望，自己提示的故事是："没那么绝望。我可能跟其他这些学生一样。他们付出了更多的努力，就获得了更好的成绩。我说不定也可以。"

这个提示的故事发挥了作用。威尔逊报告说，参与者在接下来的一年里，比随机分配的对照组取得了更好的成绩，并且辍学率更低。

30分钟阅读并观看视频，使得学生学习更努力，提高了成绩，留在了学校里。

如果你在以下方面做得不错，只要你稍作努力，就可以让人们大幅改变行为：

- 猜测现在正发生着什么样的故事，影响着人们的行为
- 想出一个不同的故事
- 想办法让人们知道新的故事

对故事提示技术而言，威尔逊并未说明给别人讲一个新故事和让人们自己"发现"新故事有什么不同。但我觉得后者更好。

关键是人们必须改变自己的故事。如果你只是扔给他们一个新故事，并且说“这才是你应该拥有的新故事”，那么，它的效果说不定没那么大。比较起来，让人们自己发现一个新故事，并跟自己潜意识里讲述的故事进行对比，这么做效果可能更好一些。

使用故事提示技术，更有效的做法是向人们讲述一个其他人的故事，让他们自己寻找相似之处。有时候，少即是多！

策略 38

让人们接触其他人的故事，鼓励他们为自己创造出新故事。

第五章　胡萝卜加大棒

仅仅给予奖励还不够，如果你想有效使用奖励让人们去做事，必须判断该使用哪一类型的方案。

我们将从狗的唾液开始。

1849 年，伊万·巴甫洛夫（Ivan Pavlov）出生于俄罗斯的一座村庄。他父亲是传教士，伊万也进了神学院，但后来上了大学，攻读自然科学。他开始用动物研究消化，是位多产而严肃的科学家。在巴甫洛夫的所有画像中，他都留着浓密的大胡子，表情严厉。1904 年，他获得了诺贝尔生理学或医学奖。

当巴甫洛夫做消化研究的时候，他惊讶地发现了一件事。他在测量狗在消化过程中产生的唾液量时，注意到狗吃东西之前就会分泌唾液。实际上，狗一看到食物就分泌唾液。

接着，他注意到，食物根本还没送到，当狗听到研究人员带着食物敲响大楼门铃的声音时，它们就开始分泌唾液；当听到带着食物来喂食的人的脚步声时，它们也开始分泌唾液。食物跟其他东西，比如脚步声和门铃声，搭配到了一起。巴甫洛夫围绕这些对刺激产生的自动反应，展开了一系列的实验。他把这种自动反应叫作“经典条件反射”。它是这样运转的：

首先，你把两样东西搭配到一起：刺激（食物）和反应（分泌唾液）。

刺激（食物）→反应（分泌唾液）

接着，你加入另一种刺激：

刺激1（食物）＋刺激2（铃声）→反应（分泌唾液）

随着时间的推移，你可以把最初的刺激拿掉，剩下的刺激也能引发反应：

刺激2（铃声）→反应（分泌唾液）

但这跟让人做事有什么关系呢？说到底，你恐怕并不想要让别人分泌唾液！

让人自动做事

经典条件反射是理解自动行为的起点。让人做事的一种方法是把“事情”变成自动的。如果某件事人是自动去做的，那么，让他去做那件事也就容易多了。很多行为其实跟巴甫洛夫的经典条件反射一样。

我在上课时使用经典条件反射。我为财富1 000强企业和非营利组织提供一天或两天的课程，同时我还在大学教课。我教学时，喜欢安排大量短暂的课间休息。

课间休息时，人们到教室外面聊天，或是在教室里查阅电子邮件和短信。但等休息结束，我希望人们回到教室，做好再次学习的准备。我借助经典条件反射来实现这一目的。到了休息的时间，我播放音乐，打开教室门。

休息结束后，我关掉音乐，关上门。

刺激1（导师说“好啦，让我们回到刚才说的地方”）→反应（人们就座并安静下来）

接着我们加入：

刺激1（导师说“好啦，让我们回到刚才说的地方”）+刺激2（音乐关上，导师关上门）→反应（人们就座并安静下来）

于是我们得到：

刺激2（音乐关上，导师关上门）→反应（人们就座并安静下来）

还有一种条件反射是这样的：当我走到活动挂图或白板跟前提出问题，我希望人们参与讨论，主动发言。

刺激1（导师说“你们怎么想？有人愿意说说吗？”）→反应（人们发言，说出自己的想法）

接着我们加入：

刺激1（导师说“你们怎么想？有人愿意说说吗？”）+刺激2（导师走向活动挂图或白板，取下马克笔的笔帽，扬起眉毛看着全班）→反应（人们发言，说出自己的想法）

于是我们得到：

刺激 2（导师走向活动挂图或白板，取下马克笔的笔帽，扬起眉毛看着全班）→反应（人们发言，说出自己的想法）

现在，你了解我的这两个课堂管理秘诀了！

策略 39

一旦人们经过条件反射的训练，习惯了做某事，你可以把一种新的刺激跟你想要的行为配对，让人们自动做出回应。

赌场知道些什么

以下的这些人有什么共同点？

- 一名高中生每次带回家一个 A 等成绩，就能得到奖金
- 一名员工每年得到加薪
- 一名顾客每买十杯咖啡，就能得到一杯免费咖啡
- 一名度假游客在拉斯维加斯一个接一个地朝老虎机里放代币

他们的行为都是基于 B. F. 斯金纳（B. F. Skinner）原则所形成的。

每当我看到人们坐在赌场里，把钱塞进老虎机，按下按钮，我脑袋里都会想到斯金纳的实验。我知道你们有些人或许喜欢赌场、赌博和拉斯维加斯，你们会说，“拉斯维加斯可不止有老虎机。”所以，在本书的这一部分，我希望没有冒犯到各位。

不过我的确想谈谈始自 20 世纪 50 年代的强大的行为分析理

论，以及如果你想要让人做事，你为什么必须理解行为分析是如何起作用的。

20 世纪 50 年代，斯金纳为巴甫洛夫的经典条件反射概念增加了一个新维度。斯金纳开始用老鼠和鸽子做实验，研究奖励对行为有什么样的影响，而不再仅仅关注刺激和反应。他称之为“操作性”条件反射（与巴甫洛夫的“经典”条件反射相区别）。

斯金纳并未太多地使用“奖励”一词，他更喜欢把奖励称为“强化”。他这么做是有原因的，我们稍后会探讨。

斯金纳的设想是这样：如果你想增加一种特定的行为，那么你就是在强化（奖励）该行为。如果你想减少一种特定的行为，那么你就不会强化该行为。这听起来似乎是常识，但斯金纳让它超越了常识层面，找到了背后的科学。以下是斯金纳的基本观点：

行为→强化→更多该行为

例如：

在学校里拿到 A 等成绩→得到 5 美元→更多 A 等成绩

或是：

按下按钮→从机器里赢钱→按更多次按钮

或是：

按时上交报告→获得赞许：“干得好！赶在了最后期限之前！”→按时上交更多的报告

斯金纳进一步研究了一些问题，比如你应该给予什么样的强化，什么时候给予，给予的频率是多少，应该给予多少次。如果你想让人做事，你需要了解有关人类行为的一些微妙而关键的细节。

想想吧：你想让某人做某事，比如倒垃圾、写报告，或是去投票。你绞尽脑汁想弄清自己该怎么做。“也许我该给他（她）一些激励。”你想，“现金？或者别的什么？”

与此同时，成千上万的人正坐在赌场里按下老虎机的按钮，无须任何报酬。实际上，他们还付钱给别人来获得按按钮的权利（并且大多数时候都输钱）。从这个角度看，你是否感到好奇呢——赌场到底知道些什么说不定你也该知道的奥妙？

我们稍后会回到赌场，但首先我们要谈谈老鼠。

从五种基本强化方案中选择

假设你把一只老鼠关在笼子里，笼子里有一根压杆。如果老鼠按下压杆，会得到食物颗粒。食物颗粒就是强化：

行为→强化→更多该行为

本例中则是这样：

按下压杆→获得食物颗粒→更多地按下压杆

但如果经过设计，老鼠按下压杆后并不会每次都得到食物颗粒，那会怎么样呢？斯金纳无数次地检验了各种不同场景，他发现可以预测并控制老鼠按压杆获取食物颗粒的频率和次数。按压杆的次数和速度差异，取决于他提供食物颗粒的频率，而他是否提供食物颗粒，又取决于流逝的时间或按压杆的次数。

斯金纳将这些差异叫作“方案”。以下是五种基本方案：

• 连续强化。老鼠每次按下压杆，你都给它食物颗粒。

• 固定时间间隔。经过一段特定的时间间隔（5 分钟）之后，你提供食物颗粒。经过 5 分钟，老鼠按下压杆，获得食物颗粒。

• 可变间隔。每隔一段时间提供食物颗粒，但每次时间间隔不同。有时是 1 分钟，有时是 5 分钟，有时是 3 分钟，等等。

• 固定比率。你的强化不再以时间为基础，而是根据老鼠按下压杆的次数。每按 10 次或 5 次，老鼠获得食物颗粒。强化以按下压杆的次数为基础，而这一次数每次都相同。

• 可变比率。强化以按下压杆的次数为基础，但获得食物颗粒所需按下压杆的次数可变化。有时，按下 5 次压杆可获得食物颗粒，有时需要 10 次，有时需要 3 次，等等。

事实证明，根据所使用的方案，老鼠（和人）的行为是可预测的。在以下部分，你将学习怎样使用这些方案来影响行为。

策略 40

仅仅给予奖励还不够，如果你想有效使用奖励让人们去做事，必须判断该使用哪一类型的方案。

连续强化：怎样让人们做某种新的事情

如果每当女儿在学期末得到 A 等成绩，你都给她钱，那么，你就是在使用连续强化方案。每当她得到 A（做出期待中的行为），她就得到钱（钱是强化）。

如果每当员工按时提交报告，你都称赞他们，那么，你就是在使用连续强化方案。每当员工按时提交报告（期待中的行为），你都给予称赞（称赞是强化）。

连续强化在帮助用户建立新行为时效果最佳，但该行为一旦建立起来，你就应该换用其他方案。

使用连续强化方案，人（或老鼠、狗等）在学习该行为的过程中，你最初会看到大量行为。但随着时间的推移，你期望的行为将变得断断续续。此外，不利的一面是，如果你取消强化（比如孩子得了 A 等成绩之后不再给予金钱奖励，或是不再每次表扬相应行为），期望的行为有可能停止。

策略 41

如果你在尝试建立一种新行为，你可以在每当当事人做出该行为时就给予奖励（连续强化方案）。

策略 42

一旦行为通过连续强化方案得以建立，就改用不同的奖励方案来保持该行为。

可变比率：怎样让人继续做下去

如果员工有时获得表扬，有时没有，这就是可变比率方案。

如果玩家玩了 56 轮老虎机后获胜，这就是可变比率方案。大多数的赌场游戏都采用了可变比率方案。玩家拉动老虎机的操纵杆 10 次，获得一次奖励，接着又拉动了 52 次，才得到下一次奖励。

从员工或玩家的角度来看，可变比率方案不可预测。这种强化建立在这个人做此行为的次数上，而且次数始终在变。当事人不知道下次自己做此行为时会不会得到奖励，还是说 5 次、30 次或者 100 次之后才会得到奖励。

由于当事人不知道下一次强化什么时候出现，他会反复重复该行为。

这意味着，可变比率方案往往能持续发挥作用。就算你移除强化，行为也将持续很长一段时间。心理学家会说，建立在可变比率方案上的行为“耐消退”。

策略 43

如果你希望一种行为能坚持下去，那就根据可变比率方案来给予奖励。

可变间隔：怎样获得稳定行为

乔治开了一间实验室，政府会来检查。他知道检查员会来，但不知道什么时候来。可能是这个月来，也可能是 3 个月或者 6 个月后来。检查员喜欢突击检查。

所以，乔治决定，他最好是确保实验室始终符合所有要求，这样检查员来的时候，他就能得到“优秀”评定。本例中，遵照所有规章要求是期望行为，获得“优秀”评定则是强化。

检查员一定会来，但时间间隔不可预测，不固定。这就是可变间隔方案。我们可以预计，乔治大部分时间都会很好地满足检查要求，因为他处在可变间隔方案下，他将在很长一段时间里展示出期望行为（也就是说，在可变间隔方案下，行为耐消退）。如果你的目标是让他们规律地做某事，但不一定是有规律地大量做，那么，可变间隔方案就是很好的选择。

乔治可能会检查自己的实验室流程，每个月自己巡查一次，确保一切准备就绪，以防实验室检查员来访，但他不会每天都这么做。长期而言，做大量内部检查并不会带来更多的回报（可变比率方案可带来更多回报）。故此，我们不大可能看到大量的期望行为，但我们能稳定且经常地看到该行为。

然而，可变间隔方案并不适合用来建立新行为，因为奖励的出现频率不足以确立行为和奖励之间的联系。你需要先使用连续强化方案，等行为建立起来之后再换到可变间隔方案。

策略 44

如果你并不需要大量的某种行为，只想要看到该行为稳定而有规律地出现，可使用可变间隔方案。

固定比率：怎样获得高发行为

假设你有一家咖啡馆，并为顾客设计了老顾客优惠卡。顾客每买 10 杯咖啡，就可得到一杯免费咖啡。每次买咖啡时，顾客都要在自己的优惠卡上盖章。这就是固定比率方案。

研究告诉我们，这将带来行为的高发（顾客会在短时间内买很多杯咖啡，好填满优惠卡），等他得到免费咖啡后，将出现平静期，行为出现的频率变少（也就是说，他从这家咖啡馆买的咖啡减少了）。

越是接近目标，人的动力越强

对于人们达到目标后产生的懈怠感，你没有什么对付的法子。你可以让他们从头开始（再给他们一张空白优惠卡，积攒咖啡戳），也可以让他们拥有另一种选择，获得更好的奖励。不过，你可以采取一定措施来加速他们的行为。

冉・吉维兹（Ran Kivetz，2006）做了一项有关老顾客咖啡优惠券的实验。他给了一些人 A 类卡，给了另一些人 B 类卡。

・A 类卡有 10 个方框积攒优惠戳；参与者拿到卡片时，所有的方框都是空白的。

・B 类卡有 12 个方框积攒优惠戳；参与者拿到卡片时，前两个方框已经盖好了优惠戳。

顾客把优惠卡盖满戳记会花多长时间？A 类卡和 B 类卡分别用了多长时间？不管使用哪种卡，参与者都必须购买 10 杯咖啡才能获得免费咖啡。那么，卡的不同会带来不同的行为吗？

答案显然是肯定的。获得 B 类卡的人比获得 A 类卡的人能更快地填满卡片，尽管两种卡片都需要 10 杯咖啡才能通关。

原因是所谓的“目标梯度效应”（goal-gradient effect）。1934 年，克拉克・赫尔（Clark Hull）在老鼠身上第一次研究了目标梯度效应。他发现，在迷宫中寻找食物的老鼠，在临近迷宫尽头的时候跑得更快。

目标梯度效应指出，随着人逐渐靠近目标，他们的行为会加速。因此，当顾客看到 B 类卡上已经朝着目标取得了一些进展

（哪怕他们自己并没有喝这两杯咖啡）时，也会更快地填满卡片剩下的方框。

吉维兹还发现，人们喜欢参与奖励计划，相较于没有参加该计划的顾客，拿到奖励卡的顾客笑得更多，与咖啡馆员工聊天的时间更长，说“谢谢”的频率更高，给小费的频率也更高。

人们会把焦点更多地放在剩余部分

关于固定比率方案的使用，这里有一点微妙但重要的注意事项。古敏中（Minjung Koo，2010）做了一项研究，考察以下哪一种情况更能激励人们实现目标：

1. 聚焦于自己已经完成的事情。

2. 聚焦于剩下有待完成的事情。

答案是B——当人们聚焦于剩下有待完成的事情时，会更有动力继续干下去。

这也就是说，如果你使用固定比率方案，一定要向人们展示完成每一步之后，他们离完成目标还剩下多少工作。

策略 45

使用固定比率方案，你能让行为高频率出现，但给予奖励之后，它会戛然而止。

策略 46

如果使用固定比率方案，向人们展示离完成目标还剩下多少工作（而不是已经做完了多少工作），人们的动力会更强。

为什么固定间隔方案效果不太好

如果你每年都给一名员工加薪，这便是固定间隔方案。固定间隔方案容易让当事人偷懒，直到靠近强化到来的那一刻才有所行动。例如，你每年跟该员工进行绩效回顾，此时，你们就某些绩效改进达成一致意见。

最有可能出现的情况是，员工起初会做少许改变，但随后便回到原来的习惯上。等过了 11 个月，员工会着手改善绩效，因为下一次的年度考核和加薪又快到了。你设定了固定间隔方案，而这种方案并不能很好地获得持续行为。

相反，你要先用连续强化方案获得想要的行为，接着换用其他方案，比如可变比率方案或可变间隔方案，从而实现绩效的变化。

策略 47

不要根据固定间隔方案给予奖励。较之其他方案，这种强化方案的效果不太好。

老虎机——巴甫洛夫和斯金纳

让我们回到老虎机，它实际上结合了巴甫洛夫的经典条件反射和斯金纳的操作性条件反射：

刺激（闪亮的灯光，闹腾的声响）→行为（放入钱，按下按钮）→有时得到强化 A（钱）

刺激（闪亮的灯光，闹腾的声响）→行为（放入钱，按

下按钮）→总是得到强化 B（闪亮的灯光，闹腾的声响）

赌场使用一类东西作为强化（闪亮的灯光，闹腾的声响），另一类东西作为刺激。这会带来上瘾循环：

刺激（闪亮的灯光，闹腾的声响）→行为（放入钱，按下按钮）→总是得到强化 B（闪亮的灯光，闹腾的声响，此时它成为下一轮的刺激）→行为（放入钱，按下按钮）→有时得到强化 A（钱），以及总是得到强化 B（闪亮的灯光，闹腾的声响）

赌场老板们很聪明。这一招管用。

奖励蹒跚学步

心理学课堂上广为流传着一个故事，讲的是一所大学里有个班的学生运用“塑造”的操作理念，让教授在讲课中途离开了课堂。

学生们在上课前就把事情做好了安排，规划了一连串的强化。首先，教授进来开始讲课时，学生们对他视若无睹（没有强化），除非他朝门口看。讲课进行到某个时间点，教授偶然地朝门口看了一眼。他这么一做，学生们就专注地看着他。

每当教授朝门口看，学生都会专注地抬头看他。专注地抬头看成为强化。教授喜欢学生们上课时显得感兴趣和专注。没过多久，教授就频频朝着门口看。班上有个学生发出了暗号，全班人都不再强化教授朝着门口看的行为。相反，只有当教授朝门口迈了一步，学生们才又专注地抬头看他。课堂进行到一段时间，教授朝着门口走了一步，学生们专注地抬头看着他。

对教授的行为“塑造”继续进行下去（他朝着门靠得更近，他的手伸向门，他碰到门，他转动门把手，等等），直到教授真正离开了教室。

我敢肯定这是一位心理学教授编出来尝试解释“塑造”概念的都市传说，但它的确可能发生！

对塑造的正式描述是：“对连续推进的行为给予区别性强化。”我们知道，根据操作性条件反射原理，任何得到强化的行为都会增加。但如果你在尝试建立一种新行为，你没法强化它，所以你必须先强化能带来你想要的行为之前的行为。

一旦该早期行为通过强化建立起来，你就可以停止强化它，只强化更靠近你最终目标的行为。

塑造“洗手”行为

凯蒂管理着医院的一支护士队伍。她想让护士乔安妮多洗手。在病患护理中，洗手非常重要，但并不是所有医院工作人员都时刻保持警醒会这样去做。

凯蒂试着跟乔安妮提起此事，但乔安妮的行为始终没有变化。实际上，凯蒂认为，自己越是提及此事，乔安妮就越不爱洗手。于是，凯蒂决定对乔安妮试试“塑造”技巧。

她想出了一套塑造乔安妮行为的计划：

1. 一开始，每当出现洗手机会，凯蒂就跑到乔安妮身边。

凯蒂会一直等着，直到看到乔安妮走向洗手池。乔安妮一朝着洗手池走，凯蒂就开始微笑着跟乔安妮说话。起初，乔安妮只是随意地朝着洗手池移动，但这没关系。如果乔安妮真的走到洗手池边，凯蒂会微笑，并赞许乔安妮做的某件事，比如她刚才处理最后一个病人的表现有多么好。凯蒂知道乔安妮喜欢赞许和聊天，而这两件事将对乔安妮形成有效的强化。凯蒂这样做了几天，直到走向洗手池这一行为建立起来。

2. 凯蒂开始寻找连续塑造中的下一个行为，也就是乔安妮不光要走向洗手池，还要实际接触它。

在定下新塑造要求的第一天，当乔安妮走向洗手池，凯蒂什么也没说。但等到乔安妮摸了摸洗手池，凯蒂便微笑着称赞了她。凯蒂对触摸洗手池的行为给予了好几天的回应。

3. 连续塑造的最后一部分是让乔安妮真正洗手，所以凯蒂不再因为乔安妮触碰洗手池而给予赞许并与之交谈。

她安静地等着乔安妮真正打开水龙头，往手上涂肥皂的那一刻。只要乔安妮拿起肥皂，凯蒂就会微笑着去跟她聊天，并适当称赞。凯蒂还会继续做上几天，确保乔安妮洗手的行为建立起来。

你兴许会说："嗬！要做到这么一件小事都要做这么多的工作呀！"是的，塑造要下很多功夫！而且，要让它发挥作用，你还必须做对一些关键的元素：

• 给予关注。你必须机警地观察自己想要的行为，这样，你才能每一次都识别出对方做出了你想要的行为。

• （一开始的）每一次都要给予正确的强化。开始时，你必须每一次都给予强化。对乔安妮来说，赞许和交谈结合便是强化。跟任何操作性条件反射（塑造是操作性条件反射的一种形式）一样，你必须谨慎地选择强化。如果你所选择的东西，对方不认为是强化，那就没用。比方说，如果你选择聊天作为强化，但对方并不喜欢你，那么，跟你聊天就不能强化其行为！

· 立刻给予强化。如果行为和强化之间相隔太久，那么，你或许是在强化某种不同的东西。人们对强化的反应是无意识的，如果凯蒂等了两个小时才跟乔安妮聊天，乔安妮就不会将强化与行为联系起来。

· 你必须多下功夫，这需要时间。塑造是很费时间的。它要求你时刻保持警觉，留心正在塑造的行为。

如果你尝试建立的是一种基本上无意识的行为，塑造的效果最好。塑造最适用于有着生理基础的简短小行为。

策略 48

如果你要奖励一种还不存在的行为，不妨用塑造来启动该行为。

挑选正确的奖励

斯金纳操作性条件反射的一个关键是，你必须选择正确的强化（奖励）。如果斯金纳在老鼠按压杆的时候以硬币作为强化，恐怕老鼠不会出现太多按下压杆的情况。金钱对老鼠来说并非强化。

鼠粮颗粒对人大概也不是有效的强化。你必须选择具体的那个人想要的强化。有时候，要找到合适的强化很棘手。例如，假设你想让自己的销售员使用公司新购买的客户关系管理（CRM）软件。在接下来的30天里，每一个使用了CRM软件至少30次的销售员，你都奖励他们去拉斯维加斯。

这个想法有什么问题吗？它有可能管用，但也可能不管用。以下是它可能不奏效的一些原因：

- 在这种情况下，你使用了一种类似固定比率方案（使用CRM软件30次就获得强化）。我说类似，是因为你加设了30天的限制，但你没有做任何事情来建立行为。如果每当有销售员使用一次CRM软件你就给予小的强化，接着再按计划执行固定比率方案，效果会更好。这里的小强化可以是排行榜，列出本周使用CRM软件的人员名字及其使用次数（在这里，认可是强化），或是有人使用CRM软件后给予表扬。
- 去拉斯维加斯对特定的人来说或许并不是强化。一些销售人员可能并不喜欢拉斯维加斯，或是觉得自己已经出了太多差，太久没能跟家人待在一起了。如果是这样，那么去拉斯维加斯恐怕就不是有效强化。

很多东西都可以当成强化。以下是一些例子（并不全都适用于职场）：

- 金钱
- 食物
- 音乐会或体育赛事的门票
- 珠宝

- 衣服
- 赞扬
- 赏识
- 自主性
- 社会互动
- 性

只要当事人想要它，它就是强化。

金钱奖励承诺会释放多巴胺

布赖恩·克努森（Brian Knutson，2001）研究了企业薪酬激励计划，发现当你向员工承诺要对其工作给予金钱奖励时，他们的伏隔核活动会增加。这也是人们在期待可卡因、烟草或任何成瘾物质时会活跃的同一区域。多巴胺释放了。此外，多巴胺释放和伏隔核活动增加后，冒险行为的倾向也增强了（对其他成瘾物质产生期待后也会发生同样的反应）。

策略 49

选择当事人真正想要的奖励。否则，奖励无法发挥作用。

什么时候给予奖励

一旦你决定了要使用的奖励和方案（连续的、可变的，等等），要确保你立刻给予奖励。为了让奖励对行为发挥最大效果，人们必须要能够将奖励与自己实际执行的行为联系起来。

比方说，你正使用连续强化方案来让团队中的某人建立新行为。每当他准时参加会议，你都称赞他："谢谢你，吉姆，你这么早就来开会。"

你必须趁他一走进房间就对他这么说。如果你等上几天才对他说："你按时参加了星期一的会议，太棒了。"那么，赞许的效果就没那么强。

当然，也不要为你希望看到的行为而提前给予奖励（"我会给你加薪，但我希望你以后能赶在最后期限前完成工作"）。在期望行为得到执行之后立即兑现，奖励才能发挥效果。

策略 50

当你提供奖励时，要在行为发生后立刻（按你所采用的方案）给予。

策略 51

当你提供奖励时，要在行为发生后给予，而不是行为发生前给予。

负强化

到目前为止，我们所有的例子都是关于正强化的。我们给人们想要的东西，接着他们的行为增加：

行为→强化→更多该行为

按时交报告→获得赞许："最后期限前就完成了，太好了！"→更多地按时交报告

获得A等成绩→得到5美元→获得更多的A等成绩

我们还没谈到负强化。人们经常把负强化和惩罚混为一谈，但它们根本不是一回事。负强化能强有力地改变行为，惩罚不如它有效。

让我们再次以老鼠为例，然后再转到人身上。你把一只老鼠关进笼子，电击它。你让老鼠一按下压杆便停止电击。这里的电击便属于负强化。

说它是强化，原因在于它能带来行为的增加。说它是负强化，因为老鼠要按下压杆（做出行为）才能让电击消失：

行为→强化→更多该行为

按下压杆→电击消失→更多地按下压杆

现在让我们来看一个人类的例子。乔想让员工凯文保持自己的工作区域整洁。

行为→强化→更多该行为

保持工作区域整洁→强化→再次让工作区域变得整洁

乔首先尝试正强化。他决定，每当凯文整理了自己的工作区域时，他就会说："凯文，看到你的工作区域这么干净，真是太好了！"

保持工作区域整洁→得到赞许→再次让工作区域变得整洁

但这不管用。凯文没有整理自己的工作区域。乔认为部分问

题在于，对凯文来说，赞许不是有效强化。凯文不在乎有没有赞许，至少不在乎乔的赞许。

乔不再寻找其他正强化，而是决定试试负强化。乔知道凯文不喜欢自己在他身边转来转去，从背后告诉凯文该做什么。所以，如果乔开始在凯文的工作区域转来转去，不断提醒要他清理打扫，凯文会认为这是负强化。

乔认为，如果他使用负强化，凯文就会更频繁地整理自己的工作区域：

行为→强化→更多该行为

保持工作区域整洁→强化（乔不再围着凯文转来转去）→再次让工作区域变得整洁

在负强化中，行为的增加，是因为停止或避免做某人不喜欢的事情而导致的结果。和正强化一样，你必须弄清楚具体的某个人想要什么事情停下来。

负强化是斯金纳不喜欢使用“奖励”一词的原因。“奖励”暗示你给了某人想要的某种东西。但使用“强化”，斯金纳可以指代任何能增加行为的东西。强化是一个包含负强化在内的更为中性的说法。

策略 52

你可以使用负强化来让人们做事。弄清别人不想要的东西，把取消它作为一种“奖励”。

惩罚

那么惩罚呢？是一样的吗？有不同吗？更有效吗？效果更差吗？

到目前为止，我们已经看到了应用某人想要的某物（正强化）和取消某人不想要的某物（负强化）。惩罚和正负强化都不同，因为当你惩罚某人时，你是想要减少某种行为。

你不是要增加一种行为（而正、负强化的目的都在于增加行为）。相反，你试着用某人不想要的某物来减少一种行为。

惩罚可能适得其反

实施惩罚甚至可能适得其反。在《驱动力》（*Drive*）一书中，丹尼尔·平克（Daniel Pink）介绍了格尼兹所做的一项研究（Gneezy，2000）：格尼兹使用罚款反而带来了更多不如意的行为。

一家日托中心决定用罚款的方式来惩罚那些接孩子迟到的家长。如果家长迟到，每迟到一分钟就会处以一定量的罚款。托儿所方面希望通过实施惩罚，让家长们准时前来。

但事与愿违。实施处罚后，家长迟到的次数明显增加了。原因在于双方的关系发生了变化。以前，家长为迟到给托儿所工作人员带来不便感到愧疚："如果我迟到了，日托中心人员就不能按时回家了。"但罚款使两者的关系变成了纯粹的金钱关系（迟到＝多花钱），那么，家长就不会为迟到感到愧疚了。他们愿意多花钱。

惩罚有效，只是效果比不上正强化或负强化。与其让人停止做某事，不如寻找替代行为，让人多去做替代行为。

强化可以导致持久而有力的行为，惩罚却往往只有在施加的时候才有效。如果你停止惩罚某一行为，它很快就还原了。

策略 53

奖励你想要的行为，忽视你不想要的行为。惩罚不如奖励有效。

第六章　本能

我们的大多数决定，要么是由我们的潜意识和本能反应做出的，要么至少受这两者很大的影响。

想象一下，你正走在树林里的一条小路上，突然，你感觉自己看到前面的地上有一条蛇。你吓得往后一跳，心怦怦作响。你的反应强烈而自然。你的生存本能启动了。

我们时刻扫视着周遭，提防危险。生存是我们的一种本能。我们的本能还包括对新奇、危险、食物和性的反应。本能反应强烈、快速，而且基本上是无意识的。

本能使我们关注周围的某些东西，忽略其余。不仅如此，**我们的大多数决定，要么是由我们的潜意识和本能反应做出的，要么至少受这两者很大的影响。**

一旦你明白我们的许多反应和决定来自本能，你就可以利用这一认知让人们去做事情。

恐惧、关注和记忆

因为大脑旧皮质对危险时刻保持警惕，所以，恐惧是强大的行动驱动力。意识思维还没弄清发生了什么，潜意识就已经检测到了恐惧，并做出了反应。基于恐惧，人们会产生观点。基于恐惧，人们会采取行动。逃避恐惧之事的动力十分强大。

难道说，我是建议你恐吓别人去按你的想法做事？并不完全是这样。如果你把人吓得太厉害，他们会避免与你互动。但小剂量的恐惧能吸引关注，激励人们采取行动。

用文字提及某人生命危在旦夕（包括事故、野兽、恶劣天气，如飓风、龙卷风、地震等），或用图片或视频加以展示，这能为你引来关注。

你或许不希望自己的设想、组织、品牌跟这些负面消息及画面扯上关系，但一些组织和营销活动可以利用它们来攫取关注。

例如，一家保险公司在广告中使用了一幅大风暴过后的图片来推销自家的洪水保险，它能够吸引人们的关注，因为这幅图片展示了灾难，而我们的潜意识会注意到这些事关恐惧和危险的信息。

由于本能的主要任务是保护我们免受伤害，凡是威胁我们生存的事情都会引起我们的注意。威胁不一定指向我们。就算是看到电影或广告里的人处在危险当中，也会触发我们所有的内部警铃。所以，如果我们在电影里看到一场可怕的汽车追逐戏，我们的本能会大喊："当心，当心！"

一旦本能发出警报，我们所有的信息处理系统和情绪处理系统都会进入高度警惕和高速运转状态。这就是说，我们处于高度戒备状态时发生的任何事情，都会在我们的记忆中获得深刻、情绪化的处理。如今，在营销领域，有一套完整分支系统聚焦于激活人的本能、向我们馈送产品信息。

怎么借助这一点来让人做事呢？想来你看过这样的电视广告：在危险的环境下（如汽车追逐戏），高潮环节是某人得到了一瓶特定品牌的苏打水或者一张特别的信用卡。这里的设想是，我们的所有系统都处于高度戒备状态，所以，我们会记住该产品，并将强烈的情绪附加于它。

从获取关注、深深刻入记忆的角度来说，人是害怕还是兴奋并不重要；我们是觉得"积极"还是"消极"也无关紧要。重要的是，我们所有的系统都进入了高度戒备状态。

策略 54

为了获取关注，使用包含了危险事件的信息和照片。

策略 55

为了让人们记得你、记得你的品牌或信息，使用能激发恐惧的图片或措辞。

对疾病和死亡的恐惧

吉尔是一家地方医院的沟通主管，她正发起一项广告宣传活动，鼓励 50 岁以上的人定期体检、服药并接受推荐给中年人的预防筛查。

吉尔联系了两家广告公司，征求它们对广告活动的意见。对这一广告宣传活动，两家机构给她的建议截然不同：

• A 广告公司以“做最好的自己”为主题展开广告宣传活动。它的内容主要是保持健康，保持匀称的身材，享受家人朋友的陪伴，在自己的余生做自己喜欢的活动。它包含了许多积极、健康、富有魅力的五六十岁人士的图片。

• B 广告公司提出的广告宣传活动以“再小心也不为过”为主题。它的内容是避免急性、慢性疾病。这一活动包含了一些积极、健康、富有魅力的五六十岁人士的图片，但还有更多身患重病、奄奄一息的人的图片。

吉尔应该选择哪一种活动提案呢？这取决于她的目标是什么。如果她想为医院树立积极健康的品牌，那么，她应该选用 A 广告公司的“做最好的自己”。但如果她的目标是让人们看医生、定期检查、服药、接受预防性筛查，那么，就应该选择 B 广告公司的“再小心也不为过”。它能带来更直接的行动。

收到能唤起对疾病和死亡的恐惧的信息之后，人们更有可能去诊所就诊。

策略 56

为了让人们直接采取行动，使用有关恐惧和死亡的信息。

害怕损失

唤起人们对损失的恐惧，是让人们做事的一种方法。对任何的损失，我们的本能都十分地警觉和厌恶，因此在潜意识里，我们基于对损失的恐惧而采取行动的动力，远大于基于对收益的预期而采取行动的动力。

安东尼·贝沙拉（Antoine Bechara，1997）做过一项研究。参与者玩一种纸牌赌博游戏，每人得到 2 000 美元游戏币。实验人员告诉他们，游戏的目标是：最初的 2 000 美元要尽可能地少输、尽可能地多赢。

按照要求，参与者从桌子上的四摞牌里任意将牌翻面，每次只能翻一张。他们不断地从自己选中的牌摞里翻牌，直到实验人员叫停。参与者不知道游戏什么时候结束。实验人员告诉参与者，每翻一张牌，就能赚到钱。但还有些时候，他们翻一张牌在赚钱的同时也会损失钱（要付代币给实验人员）。参与者不知道纸牌赌博游戏的规则，但实际规则是这样的：

• 如果他们从 A 摞或 B 摞中翻牌，可赚到 100 美元；从 C 摞或 D 摞中翻牌，可赚到 50 美元。

• A 摞或 B 摞里有些牌会要参与者给实验人员付很多钱，有时多达 1 250 美元。C 摞或 D 摞里有些牌也会要参与者给实验人员付一些钱，但数额平均仅为 100 美元。

• 随着游戏的进展，A 摞和 B 摞会给参与者带来净损失，但继续从 C 摞或 D 摞中翻牌，参与者可获得净收益的奖励。

游戏的规则始终不变。尽管参与者不知道，但翻了 100 张牌之后，游戏便结束了。

大多数参与者一开始都会尝试所有的四摞牌。起初，他们受 A 摞和 B 摞所吸引，因为这两摞牌每回都能带来 100 美元的收益。但 30 个回合过后，大多数人转向了 C 摞和 D 摞。此时，他们会始终在 C 摞和 D 摞中翻牌，直到游戏结束。

在研究过程中，实验人员数次停止游戏，询问参与者有关牌摞的情况。参与者跟皮肤电导传感器连接在一起，以测量其皮肤电导反应（SCR）。早在参与者意识到 A 摞和 B 摞的危险性之前，他们玩 A 摞和 B 摞时的皮肤电导反应读数就会升高，甚至还没碰触到这两摞牌，皮肤电导反应读数也会升高。他们一想到要用 A 摞和 B 摞牌，皮肤电导反应读数就增加。参与者本能地知道 A 摞和 B 摞牌危险，会导致损失，这表现为皮肤电导反应出现峰值。然而，这一切全都是无意识的。他们的意识思维根本还不知道什么地方出了问题。

最终，参与者说自己有一种“预感”，认为 C 摞和 D 摞牌更好，但皮肤电导反应显示，大脑旧皮质早在大脑新皮质“明白”之前就看穿了一切。

到游戏结束时，大多数参与者都不只有了预感，还能够清晰地说出两种牌的区别，但足足有 30%的参与者无法解释为什么自己更喜欢 C 摞和 D 摞牌。他们说，自己就是觉得这两摞牌更好。

人们会响应无意识危险信号并采取行动。无意识行动比意识思维更迅速。这就是说，人们往往无法解释自己为什么会采取行动，为什么有这样那样的偏好。

别让我失去

巴里·施瓦茨（Barry Schwartz，2005）研究了人们的购车行为。参与者试驾了配备了全部选配项目的汽车。

·在一种情况下，他们看到了配备全部选配项目的汽车的价格。如果他们说价格太贵，研究人员就请他们取消一部分选配项目以降低价格。

·在另一种情况下，他们会看到汽车的基本价格（不带选配项目），以及每一选配项目的介绍和价格。他们可以选择自己想要加上的项目，每加一项，车价也相应提高。

在第一种情况下，参与者花的钱更多。在完整地体验了汽车之后，他们不愿意失去自己感觉（在某种意义上）已经拥有的东西。

是90%好，还是10%糟

在《笛卡尔的错误》（*Descartes' Error*，1994）一书中，作者安东尼奥·达马西奥（Antonio Damasio）指出，我们对损失有一种天然的恐惧，甚至连说话的措辞方式都能对此产生很大影响。

他引用了医学领域的研究。研究显示，如果病人听说，“如果你接受这种治疗，你有90%的机会活下来”，病人会选择这一治疗。

可要是病人听说，“如果你接受这种治疗，你有10%的死亡概率”，那么，病人选择此种治疗的可能性会大大降低。

策略 57

要理解，“可能遭受损失”比“可能获得收益”更容易激发人们采取行动。

策略 58

不要太相信人们对“为什么会更喜欢某个选择”的自我报告。

策略 59

如果你想让人们对某样东西产生渴望，让他们先试试看。一旦他们尝试过，就不想再失去它了。

数量有限

你曾碰到过这样的事情吗？你受邀参加一场活动，邀请函上写着：“名额有限，仅限 50 人。现在就报名，锁定名额。”

活动主办方为什么会这么做呢？因为它管用！如果一件东西看起来很稀缺，或者有可能变得稀缺，那么这件物品的价值和我们对它的渴望都会增加。我们害怕失去拥有或购买任何被视为稀缺的东西的机会。

斯蒂芬·沃切尔（Stephen Worchel，1975）让人们给巧克力饼干打分。研究人员在一个罐子里放了 10 块饼干，在另一个罐子里放了两块与第一个罐子里完全相同的饼干。人们认为饼干少的罐子里拿出来的饼干味道更好，尽管它们完全是一样的！

不仅如此，如果罐子里本来有很多饼干，过了一会儿，大部分饼干没了，那么剩下的饼干得到的评价比前面吃完的饼干更高。

这种让人们采取行动的策略适用于所有的事情。以下是一些例子：

- 现在就买这件衬衫，因为适合你尺寸的只剩下两件了。
- 在使用这一全新在线服务之前，你必须通过会员的邀请才能注册。
- 我们一次只允许 30 人入内。先填个申请等等吧，有空缺的时候我们会告诉你的。
- 售票到下周四就截止。
- 我们今年只接受 5 名志愿者。

还有一个概念跟稀缺性类似，即更昂贵的东西（故更难以获得）质量更高。我们往往会在无意识中想要昂贵的东西。我们在无意识中把昂贵等同于“更好”。

策略 60

如果你希望人们重视你的产品或服务，就要让它变得稀缺或难以获得。

人们什么时候想要熟悉的品牌

星期五下午，老板把你叫到他的办公室，说对你最新的项目报告不满意。你已经多次告诉他，项目遇到了麻烦，并要求分配更多的人手。你觉得之前的所有提醒都被他忽视了。

现在，老板告诉你，这项工作会给你带来不好的影响，你甚至可能会丢了饭碗。回家的路上，你在杂货店停了下来，因为你的早餐麦片没有了。你跟老板谈话之后感到伤心和害怕。你会购买从前一直吃的老牌子，还是尝试新品牌？

根据荷兰奈梅亨大学玛丽克·德·弗里斯（Marieke de Vries，2007）的研究，你会购买熟悉的品牌。研究表明，当我们悲伤或害怕时，想要熟悉的东西。如果我们感到快乐，对熟悉的东西不那么敏感，我们会乐于尝试一些不同的新东西。

这种对熟悉事物的渴望、对熟悉品牌的偏好，或许跟对损失的本能恐惧有关系。人在悲伤或害怕时，我们的本能会进入警惕状态。我们想要安全，而迅速获得安全的方法，就是用我们熟悉的东西。一个强大的品牌是人们所熟悉的。一个强大的标识是人们所熟悉的。

改变人的情绪很容易

影响一个人的情绪非常容易，尤其是短期内（例如，在一个小时的演讲中）。

在玛丽克·德·弗里斯的研究中，参与者观看了《布偶演播室》（*The Muppets*）的片段（目的是让人心情好起来）和电影《辛德勒的名单》（*Schindler List*）的片段（目的是让人心情不好）。人们报告说，看了《布偶演播室》之后自己的情绪明显有所提升，而看了《辛德勒的名单》之后，情绪又明显低落了。这种情绪的变化，影响了他们在研究剩余环节中的行为。

那么，你怎样应用这些概念让人去做事呢？让我们看一个例子。安德鲁是一家电脑销售和技术服务公司的销售代表。他的公司正在大幅调整现有产品和服务。安德鲁的工作是让他现有的客户尝试一些新服务。

由于他在请求人们尝试新事物，他决定让客户进入乐观昂扬的情绪，并且使他们感到安全。他坐下来与一名客户单独会谈。他首先给客户看了一段公司市场部为新产品和新服务准备的视频片段。视频中有欢快的音乐和积极的信息。视频播放后，他撺掇客户谈谈自己公司过去一年里取得的所有“胜利”。

通过这样铺陈好气氛，他以乐观的方式分享了新产品和新服务。他还借助稀缺性的概念，让新产品和新服务显得更具吸引力：他告诉客户，他只挑选了几位特别的客户试用这些新服务。

策略 61

如果你想让人们尝试新事物，就要在他们心情好的时候调动他们，或是通过播放有趣或搞笑的视频，帮助他们进入好的情绪状态。

策略 62

当你想让人们尝试新事物时，一定要保证他们感到安全和舒适。

策略 63

如果你想让人固守熟悉的东西，就别让他们心情舒畅。

策略 64

如果你想要人们固守通常的选择，不去尝试新事物，那就借助会唤起损失恐惧的信息。

我们都是控制狂

在《选择的艺术》（*The Art of Choosing*）一书中，席娜·延加（Sheena Iyengar）描述了一个用老鼠做的实验。老鼠可以选择一条直接通向食物的路径，也可以选择一条有分岔的路。

这两条路都能获得相同数量的相同食物。老鼠想要的无非是食物，它们应该会选直接的路线，但老鼠始终更偏爱带分岔的路。

在对猴子和鸽子所做的实验中，这些动物学会了按下按钮获取食物。如果有单个按钮和多个按钮可选，猴子和鸽子都会偏爱多个按钮。

在对人类进行的类似研究中，研究人员给了受试者一些赌场里用的筹码。受试者可以在安装有一台轮盘的赌桌上使用筹码，也可以在安装有两台轮盘的赌桌上使用筹码。人们更偏好有两台轮盘的赌桌，虽说所有的轮盘完全一样。

控制需求始于幼年

席娜·延加描述了一项针对4个月大的婴儿进行的研究，研究人员将一条线拴在婴儿手上，婴儿可以通过手的运动来拉扯这条线，使得音乐播放。

接着，研究人员取消了线跟音乐控制的关联。他们按相同的间隔播放音乐，但婴儿无法再控制音乐何时播放了。婴儿哭了起来，他们希望能控制音乐何时播放。

选择意味着控制，控制意味着生存

我们把拥有选择等同于拥有控制，虽然情况并不一定如此。如果要想感觉自若，我们必须觉得自己的行为强大有力，自己可以做出选择。有时候，选择太多会让人难以得到自己想要的东西，但我们仍然希望拥有选择，这样，我们才会觉得自己能够控制决定。

我们渴望控制周围的环境。这是合乎情理的。直觉告诉我们，控制环境意味着提高生存可能性。我们需要感觉一切尽在掌握，我们拥有选择。如果我们面对的选择太多，我们会什么也不选。但如果我们没有任何选择，我们会丧失动力。

要让人们做事，你必须提供若干明确的选择（最多 3 种或 4 种），这样他们才会产生控制感。人们不会始终选择最快的方式来完成一件事。他们或许会选择让自己感觉有一定控制力的方式来做。

我的两个孩子年纪尚幼时，我们常在周末做大扫除。我并不直接要他们去做哪些家务，而是列出一份包括了当天所有家务活的清单，并为每项任务设置了奖励分值。耗时长、比较困难或者没人喜欢的任务，会比耗时短又容易的任务分值高。

接下来，我会告诉孩子们，这一天他们要通过劳动获得多少分值，但他们可自行选择做哪些任务。他们感觉自己对劳务有了一定的控制权，而我则在大扫除里有了帮手。

策略 65

你给了人们选择，就给了他们控制——而人们喜欢控制。

策略 66

将选择的数量限制在 3 到 4 种。如果你提供太多的选择，人们就会彻底放弃选择。

安全和参与

我见过的最佳表演来自鲍比·麦克菲林（Bobby McFerrin）的演出。鲍比的演出不光有音乐，还有大量的观众互动环节。

我去看他那回，他是在威斯康星州的一座小城市里的一家可容纳 1 500 人的剧院演出。剧院里坐满了人，观众们很欣赏，但也有些冷淡。可到了 90 分钟表演快结束的时候，鲍比让所有观众都热情难耐，愿意做他要求的任何事，哪怕登台协助表演也毫不犹豫。

麦克菲林是位出色的表演家，也是让人们参与表演的大师。他靠的是慢慢地凝聚起整个群体。你和一群陌生人坐在剧院里，你不愿意看起来很傻，但他先只让你发出一点声音，唱一个简单的音符。你身边的每个人都在这么做，所以你也做了。接着，他在这种参与的基础上再多提一点要求，直到所有人都能无拘无束地参与。

注意

如果你从没见过鲍比·麦克菲林怎样调动观众，请看以下 3 分钟的短视频：http：//www.ted.com/talks/lang/en/bobby_mcferrin_hacks_your_brain_with_music.html。

麦克菲林是让人们产生安全感的大师。他从不嘲笑或取笑任何人。他的肢体语言和评论让每个人都觉得自己做得很好，做得完全符合他的期待和认知。参与他的现场活动让人觉得安全。

如果你想要人们参与一项活动（比如在陈述中参加讨论，或是在你的网站上提供反馈），要慢慢开始，确保人们感到安全。先让他们做一件小事，再叫他们投入耗时更长或者更复杂的活动中。你可以用幽默让人们感到放松，但不要把取笑别人当成是幽默，要不然，人们会开始感到不安全。

策略 67

如果你想让人们参与，就一定要让他们感到安全。

新奇感

由于我们的本能总是对威胁和危险保持警惕，所以我们往往会提防变化。新奇能吸引我们的关注。我们容易忽略保持不变的东西，而注意新的东西。这很有效——如果我们的部分潜意识用更多时间和关注来察觉什么发生了变化，忽视没有变化的东西，我们能维持安全。

这种对新奇和变化的关注，是我们对科技设备“上瘾”的一个原因。每当有了新信息，它们立刻就会通知我们，但通知又来得出人意料，我们不知道它们什么时候出现。这就是说，一看到或听到提示，我们的注意力就会一次次地被设备所吸引。

让人们做事的第一道难关是吸引他们的注意力。如果你做着新奇的事情，展示出人意料的画面，或让他们吃上一惊，便能抓住他们的注意力。

策略 68

借助新奇吸引注意力。等获得了人们的关注，再把你的信息传送给他们。

让他们索要“更多”

多巴胺是我们大脑中最重要的一种神经递质。自 1958 年瑞典国家心脏研究所的阿尔维德·卡尔森（Arvid Carlsson）和尼尔斯—阿克·希拉普（Nils-Ake Hillarp）发现了多巴胺系统之后，神经科学家们就一直在对其进行研究。多巴胺由大脑的不同部位产生，对大脑的所有功能都至关重要，包括思考、运动、睡眠、情绪、关注、动机、寻求和奖励。

关于多巴胺的最新设想是，它不仅仅是大脑中的“愉悦”化学物质，实际上还使得我们产生欲望、渴望、寻求和探索，提高了我们的唤醒、动机、目标导向行为的总体水平。

多巴胺使我们对想法感到好奇，为我们寻找信息提供燃料。参与愉悦感的主要是阿片系统而非多巴胺系统。

根据肯特·贝里奇（Kent Berridge，1998）的研究，这些“想要”（多巴胺）系统和“喜欢”（阿片类物质）系统是互为补充的。“想要”系统驱使我们行动，“喜欢”系统让我们感到满足，并进而让我们暂停寻找。如果我们的寻找功能未能关闭，那么，我们就进入了一个无尽的循环。多巴胺系统比阿片系统更有力。我们是寻求多于满足。

从演变的角度看，多巴胺至关重要。如果人类不受好奇心驱使去寻找新事物和新观念，那么，他们说不定还坐在洞穴里。多巴胺系统让我们的祖先产生动力在全世界迁徙、学习并生存。

较之满足地呆坐在原地，寻求更有可能让人类活下去。对老鼠的研究表明，如果你破坏了多巴胺神经元，老鼠仍然能够走动、咀嚼和吞咽，但即使食物就放在它们身边，它们也会饿死——它们失去了获取食物的欲望。

你可以利用人们对信息的渴求来刺激其寻找信息的行为。

对更多上瘾

当多巴胺系统一次只得到少许信息时，它受到的刺激最为强烈。等我们消耗了这少许的信息，多巴胺就释放出来，让我们想要获得更多。

你如何借助多巴胺系统来鼓励人们消耗更多的信息呢？让我们先来看一个例子。

短课程与多巴胺

杰西在一家大公司的人力资源部工作。他开发了一套关于怎样解决冲突的视频课程，并保证视频内容有趣、制作精良、质量上乘。他希望公司的员工学习整套视频课程。怎样做才能提升人们参加整个课程的概率呢？

A. 把课程分成若干节只有几分钟的短课并打包，这样，人们一次只能打开几节课的内容。

B. 将课程做成一整段 90 分钟的视频。

杰西应该使用 A 方案。把课程分解，一次只提供少许内容，这将刺激员工的多巴胺系统，让他们产生继续学下去的渴望。如果杰西每次只提供一部分内容，人们更有可能参加这门课，有更强的动力学完它。这么做能维持对更多信息的渴望。

策略 69

给人们有限的信息，好让他们不断渴望更多。

新奇感搭配多巴胺

你也可以将新颖性和信息寻求结合起来让人们做事。多巴胺受不可预测性刺激：每当某件意想不到的事情发生，便会刺激多巴胺系统。

以电子设备为例。消息会自动显示出来，但你不知道它们到底什么时候会出现，也不知道是谁发来的信息。它不可预测，而这正好会刺激多巴胺系统。

当信息以听觉或视觉警告形式意外出现时，人们就会想要参与这种行为（例如，一次又一次地检查消息）。

多巴胺系统对“奖励来了”的提示特别敏感。如果有一种表明某事即将发生的特定小提示出现，这能触发你的多巴胺系统。我们的本能总是对任何新奇新颖的东西保持警觉。在第五章“胡萝卜加大棒”中，我们说明大脑很容易对特定刺激做出条件反应。你把哔哔声、音调或视觉提示跟新信息或新消息搭配起来，人们就会做出自动和本能的反应。你没法不去关注它。

策略 70

如果你希望获得专一的关注，就让刺激不可预测，并配合听觉或视觉提示。

食物和性

本章我们讨论了人对新奇、恐惧的无意识反应，以及对控制的渴望。还有其他两种本能动力，在吸引关注和做决策中扮演关键角色：食物和性。

用食物来激励

人的潜意识知道我们需要食物才能生存。食物的画面或食物的味道，会吸引我们的注意力。食物对我们既可能是暂时的分心，也可能是无法抵抗的冲动，这取决于我们的饥饿程度。总之，我们会关注食物。

真正的东西最吸引人注意，但哪怕是一张食物的照片，也会让我们坐起身来看一看。不过，食物要放在前面和中央。展示一张坐在餐厅里的人的照片暗示了食物，但要想抓住人的本能注意力，食物必须非常显眼。

性暗示

我们都知道，性或者性暗示是吸引注意力的强效方法。性欲是我们最强烈的一种本能。即使是最微妙的性暗示——某个眼神，皮肤的一闪——也足以吸引我们的注意。

除了吸引注意力之外，我们还常常无意识地根据性行为的可能性来做决定。由于广告暗示购买该产品我们将拥有更多的性或对他人更具吸引力，我们便决定购买这种产品。

策略 71

要抓住注意力，请使用真正的食物，食物的味道，或是食物的图片。

策略 72

为了吸引注意力并影响决策，使用有关性的任何暗示（只要用得恰如其分即可）。

第七章　掌控欲

如果你想让人们长期做某件事，调动他们的掌控欲——不要光是给他们钱或者其他奖励。

如果你想理解掌控的重要性，请花上一个小时来观察一个一岁的小孩子，看看他怎样努力靠自己站起来或走路，看看他怎样玩拼图或者其他玩具。所有人，不管是成年人还是儿童，都有掌控的欲望。想要掌握技能或控制身边的环境，是一种普遍的人类动力。人有动力想要掌握一项运动、一款电子游戏，或是诸如焊接、手术、弹钢琴等技能。

利用掌控欲来激励人做事的美妙之处在于，这种动力深深地植入在每个人身体里，要把它激发出来相当容易。棘手的地方是，动力必须是内在的，也即来自人的内部。你不能让人想要掌握一项具体的技能。为了让掌控欲发挥出强大力量，驱动力必须来自当事人。好在我们可以通过影响环境和背景，让内在的掌控欲显现。

以下是心理学家乔治·摩根（George Morgan，1990）对“掌控”（mastery）所做的定义：

> 掌控动机是一种心理力量，它激励个人以聚精会神、专心致志的态度，尝试独立地解决一个问题，或掌握一项对他（或她）至少具有一定挑战性的技能或任务。

人类天生好奇，这种好奇心有助于我们掌控环境。孩子们花在掌控环境上的时间越多，到了成年后在思考和学习上就越成功。

孩子或成年人试图掌控某样东西时，会发生些什么呢？他们集中注意力，聚精会神，获取信息。由于这是一种基本的动力，你可以利用掌控欲让人们做事。

掌控胜过奖励

你为自己的设计师购买了一些新技术，希望他们学习新的技能，以便物尽其用。你相信新的工作方式能节省大量的时间和金钱，并带来更好的设计，但你也知道学习曲线相对陡峭。

管理团队建议，对使用新技术和新流程的设计师给予现金奖励。你应该给予现金奖励吗？

在回答这个问题之前，让我们回顾一下一项来自 1973 年的研究：

玛丽安是一所小学的美术老师，她想鼓励学生多花些时间练习画画。她设计了一张“优秀绘画证书”发给学生。

如果她的目标是让学生多花时间画画，并希望随着时间的推移画得更多，她该怎样给学生颁发证书？是每当学生画了一幅画就发，还是只是偶尔发？

马克·莱珀（Mark Lepper，1973）对这一问题做了研究。他把孩子们分成三组：

- 第一组是“期待”组：研究人员向孩子们展示了“优秀绘画证书”，并问他们是否想画画以获得证书。

- 第二组是“意外”组：研究人员问孩子们是否想画画，但没有提到任何证书。孩子们花时间画画后，获得了一张意外的绘画证书。

- 第三组是对照组：研究人员问孩子们是否想画画，但没有提到证书，也没有给他们。

实验的真正部分来自后两个星期。在玩耍时间，研究人员把绘画工具放在房间里。但没有人要求孩子们画画，房间里只是放着绘画工具可供孩子们使用。接下来发生了些什么呢？

第二组（意外组）和第三组（对照组）的孩子花了最多时间画画。而第一组，也就是预期得到奖励的孩子，用来画画的时间最少。

“连带”奖励（也即基于预先说明的特定行为所发的奖励）带来的期望行为更好。后来，研究人员做了更多类似的研究，包括孩子也包括成年人，并发现了类似的结果。

适得其反的奖励

让我们回到前一个问题：你是否应该给予使用新技术的设计师现金奖励。答案是，激发掌控欲的效果比给钱要好。倒不是说金钱会抑制掌控欲，而是奖金的连带性抑制掌控欲。

如果你在设计师并未期待的情况下给了他们现金奖励，这并不一定会扼杀他们掌握技术的欲望。但要是你告诉他们，每当他们使用新技术都会获得现金奖励，那便会削弱他们使用新技术的欲望。两者的区别在于连带性。

在第一种情况下，设计师并不期待获得奖励。在第二种情况下，他们期待获得奖励，而且，为了获得奖励，必须要出现使用新流程和新技术的行为。

掌控研究表明，如果你将现金奖励跟使用行为挂钩，那么，在试用新技术的初期会出现期待行为上升的情况，但它会随着时间的推移而减弱。如果你希望设计师接受新技术并持续地使用它，你必须激发他们掌握新技术的动力。

与其每当设计师使用新技术时都提供现金奖励，倒不如调动他们对新技术的好奇心。让他们知道，这些重要的新技术，将为他们日后的职业生涯服务。

“胡萝卜加大棒”VS. 掌控欲

在第五章“胡萝卜加大棒”中，我们讨论了如何利用强化来让人们做事。现在，我们说这是个坏主意，你应该利用的是掌控欲。那么，到底要怎么办？

最好（虽然也最复杂）的回答是，总的来说，掌控是更好的策略，因为它运用的是内在动机，而且总的来说，内在动机的长期效果更好。然而，在许多情况下，强化也很有力量。如果人们没有内在动机去完成一项任务，那就很难让他们运用内在动机，这时候，强化的效果就不错。

常规任务 VS. 复杂任务

另一个区别在于，你希望人们做的是什么样的任务。如果你想让他们做一项不需要太多思考的常规任务，比如，让工作空间保持整洁有序，那么强化的效果就跟掌控欲一样好，甚至更快更好。

掌控意味着有一项技能或知识需要学习。常规任务所涉及的掌控很有限。未能掌握一项挑战性高技能或是开发出新的知识体系的感觉，很难调动内在动机。所以，“胡萝卜加大棒”仍有用武之地。

策略 73

如果你想让人们做一些复杂的事情，比如需要学习新技能或获得新知识体系，那么可利用掌控欲。如果不是，强化或许是更好的选择。

策略 74

如果你想让人们长期做某件事，调动他们的掌控欲——不要光是给他们钱或者其他奖励。

让别人觉得自己特别

如果你想激发掌控欲，必须让人们觉得自己真的掌握了一项重要的新技能。

你读过马克·吐温的《汤姆·索亚历险记》吗？家里人要汤姆给姨妈房子前面的篱笆刷白漆。汤姆不想干这些琐事，便试图想办法让别人替他干。汤姆决定假装粉刷篱笆是一项只有熟练工才能做的特别工作。当其他男孩经过时，他们听到汤姆说，粉刷篱笆是一项具有挑战性的特殊活动。他们也想粉刷篱笆，但汤姆显出迟疑的样子。汤姆告诉他们：

> 我想，一千个男孩，不，恐怕两千个男孩里，也没一个能按要求做好它呢。

我可不是要你像汤姆·索亚那样会编瞎话。但人们的确喜欢感觉自己是精英群体的一员。我们喜欢认为自己拥有特别的天赋和技能，让我们有别于常人。如果你暗示一项特殊任务需要特别的才能、技能或知识，那么，人们有可能更乐意去做。你会激发掌控欲。

策略 75

如果你让人们感觉只有精英群体的成员才能从事某项任务，那么他们会有更强的动力去掌握该任务。

挑战是激励

掌控不仅仅是感觉自己特别。我们喜欢挑战。挑战能激励我们。

马克·吐温在《汤姆·索亚历险记》中还写过这样一段话：

> 他已经不知不觉地发现了人类行为的一大法则——那就是，为了让一个大人或一个小孩渴望干什么事，只需设法将这事变得难以到手就行了。

如果一件事很难实现，具有挑战性，人们就会想要做它。让任务变得具有挑战性，是另一种激发掌控欲的途径。如果你把事情设置得太简单，你就无法激发出掌控欲。当然，如果你把它设置得太难，让它显得不可能做到，也会打压人们的掌控欲。

针对你想要激励的人，你必须找到合适的挑战量。有时候，这可以归结为**在特定的时刻为特定的人找到合适的挑战量。**

举个例子，几年前，我丈夫提议我去学学弹爵士钢琴。他正在学弹爵士吉他，他觉得要是我去学弹钢琴，我们就能一起演奏了。这些年来，我弹过一点钢琴，但并不多，而且从来没弹过爵士乐。

掌握爵士钢琴的想法很吸引人，当然也是一项挑战。所以我真的动手学了起来。我参加了一些爵士乐讲习班，尝试寻找一位可以教我爵士乐的钢琴老师，还购买了指导书籍和音频课程。这个挑战的想法令人激动。

但事实证明，这项挑战难得过了头。我学了很多关于爵士乐和音乐理论的知识。我掌握了一些爵士乐、爵士乐理论的基础，我甚至掌握了一些钢琴基础。然而，到了某个阶段之后，我似乎无法超越一些基础性的东西。我不认为自己能够达到坐下来轻松给另一些业余爱好者弹支曲子的水平。

当我们没法感觉自己有所进步，没法感觉自己能够达到一定的掌握程度，挑战就无法再激励人了。

于是，我转而去学爵士乐演唱。我想，对我来说，唱爵士歌曲应该比演奏爵士钢琴容易得多。我倒不是说掌握爵士声乐天然就比掌握爵士钢琴容易。但对我来说，学习爵士乐演唱的挑战量恰到好处。我觉得它有挑战性，但我能达到一个还过得去的熟练程度。这一掌控欲让我动力满满。事实证明，这的确是合适的挑战程度，许多年后，我仍然在学习演唱爵士乐，并视之为挑战。我喜欢这项挑战，也喜欢我能够达到的掌控程度。我当然不是埃拉·菲茨杰拉德（Ella Fitzgerald）、珍妮特·普拉尼特（Janet Planet）、戴安娜·克拉尔（Diana Krall）一类的爵士女伶，但我可以跟其他业余爱好者一起坐下来唱一首爵士歌。

如果我从一开始就能找到合适的老师，我兴许能坚持弹爵士钢琴。**好的老师知道怎样把知识或技能分解成小块。好的老师是掌控的大师。**知道怎样针对具体的学生，把技能和信息分成大小合适的片段，是好老师的职责所在。而这是用掌控欲激励人的关键。你需要找到合适的挑战量来激发自己的掌控欲，如果挑战量过头，就会压垮人的掌控欲。

策略 76

如果你让一项任务看起来具有挑战性（但不是不可能完成），那么人们会有动力去完成它。

自主性激发掌控欲

由于掌控欲是一种内在动力，这意味着当事人必须设定目标，判断自己完成的步调。自主，或者说管理自己和自身工作的能力，对掌控至关重要。

我们喜欢按自己喜欢的方式在自己想做的时候做事。我们喜欢自主。自主激励我们，因为它让我们感觉一切都由自己控制。

比方说，柯蒂斯管理着一支程序员团队。他希望自己的团队能够熟练掌握某一全新的编程技术。与其告诉团队怎样学习该技术，参加什么样的培训课程，柯蒂斯不如向员工提供一些资源，但让他们自行做决定，这样能更好地激发出程序员们的掌控欲。他可以讨论员工掌握新技术的种种方式，但如果他让程序员们自己去研究怎样学习新技术、是否参加课程、参加什么课程、什么时候参加，这种自主性能让他们更有动力去学习该技术。

策略 77

如果你为人们提供自主性，那么他们会产生更强烈的掌控欲，从而更有动力。

奋斗是件好事

如果你在亚洲长大，你大概会觉得“奋斗是件好事”这个概念是常识。但如果你是在美国或其他西方国家长大的，这种想法看起来似乎有悖常理。

我们不少西方人认为奋斗很丢脸，会妨碍人产生动力。加州大学洛杉矶分校的詹姆斯·斯蒂格勒（James Stigler）指出，西方文化认为奋斗表明你不够聪明；它是没有足够能力完成工作的表现。

与此形成对照的是，在亚洲的许多文化和课堂里，人们认为奋斗是所有人为了学习必须经历的事情。不少亚洲文化视奋斗为机遇而非问题，它是学习过程的一部分。而如果你最终有所突破，为你正在苦苦奋斗的问题找到了解决途径，它表明你有毅力、有恒心。

实际上，研究表明，人们会从犯错中学习。掌控包括了坚持不懈地奋斗，最终成功掌握信息。

以电子游戏为例。如果一款电子游戏太简单，你很少犯错，那么，这款游戏不会太有趣。在犯错和挣扎奋斗着掌控游戏，是游戏引人入胜和好玩的一部分原因。这种程度的挑战激发了我们继续玩下去的欲望。

策略 78

如果你让人们挣扎奋斗，哪怕只是一点点，也能提升他们的掌控欲，进而增强他们的动力。

策略 79

给人们犯错的机会。

给予反馈以保持人们的动力

除了允许人们犯错误，你还可以针对错误为他们提供反馈，帮助他们学习和调整现在的做法。在正确的时间提供正确的反馈，能提高掌控欲。

但要注意：在错误的时间提供错误的反馈，会阻碍掌控欲。瓦莱丽·舒特（Valerie Shute，2007）分析了数百项关于反馈的研究。如果你希望运用反馈激励人们维持掌控欲，以下有一些需要牢牢记住的观念。

明确“做对了还是做错了”

首先要给出的信息是某人正在做的事情是否正确。这一信息必须非常明确。说得模模糊糊太容易不过了。

假设杰罗姆正在培训自己咖啡店新来的咖啡师凯瑟琳。凯瑟琳做了一杯意式浓缩咖啡，杰罗姆说：“这是次不错的首次尝试。但或许你还可以做得更好些。”杰罗姆是在说凯瑟琳做得正确还是不正确？很难从他说的那句话里判断出来。当你在给予反馈时，请确保它清晰明确。

杰罗姆可以说，“你没有彻底清理滤网。所有的残渣都要洗干净。现在再试一次。”这样凯瑟琳一定会知道自己做得不正确。

提供简短的说明

上面的反馈（“你没有彻底清理滤网。所有的残渣都要洗干净。现在再试一次”）中包括了说明。如果杰罗姆只说，“你没有彻底清理滤网”，那么，他告诉凯瑟琳她做得不对，但却没有给出任何解释。简短的解释（“所有的残渣都要洗干净”）就是说明。

有了说明，凯瑟琳才知道怎样改正错误的详细信息。没有说明，凯瑟琳下次再做尝试时也难以改进。

说明应当简短。如果杰罗姆的反馈是，“每次制作浓缩咖啡的时候，你都需要倒出用过的咖啡渣，用热水冲洗滤网。一定要检查滤网里是否还有残渣，更换之前要保证它完全干净。用水冲洗滤网，用刷子刷。别忘了每天都要把托盘清空几次，倒出咖啡之后要擦去浮沫。”

这些可能是重要的信息，但作为单个步骤的反馈，这样的说明太冗长了。

提供反馈的最佳时机

你兴许认为，立刻给出反馈是最好的，但事实恐怕并非如此。

如果一项任务包含若干小步骤，那么，最好等到做事的人完成所有步骤后，再对整个任务给出反馈。

如果你在每一小步上均给出反馈，那么，你就有可能打断任务的正常流程，让人很难自己纠正错误。另外，如果你等得太久，对方说不定都记不得你是在就什么问题给他反馈了。

把任务分解成更小的步骤，是个很好的经验法则。不管哪种情况先出现，等人完成三步到四步，或犯了两个或三个错误时，就给予反馈。

不要把表扬和反馈掺和到一起

反馈要客观。记住，掌控与内在动力有关，而与强化无关。人们不需要你的表扬来继续往下做，切换到表扬，会让人的焦点从内在动机偏离到外在动机上。它实际上反而可能会削弱掌控欲。

此外，反馈大多事关需要改进的地方。把人做错了什么、哪些地方需要改变的反馈，跟表扬掺和到一起，往往会让人感到困惑。例如，杰罗姆对凯瑟琳说，“你没有彻底清理滤网。所有的残渣都要洗干净。现在再试一次。”

他的反馈是客观的，没有表扬。如果杰罗姆说，“你没有彻底清理滤网。所有的残渣都要洗干净。不过，这是你第一次做，干得不错。你真的掌握窍门了！现在再试一次。”

第二种方式将反馈和表扬掺和到了一起。这或许会让杰罗姆感觉不错，但凯瑟琳恐怕要犯糊涂。她清理得正确还是不正确呢？

知道什么时候给予反馈，是好老师和不怎么好的老师之间的一大区别。

策略 80

提供反馈，帮助人们从错误中学习，但不要为了提供反馈而打断他们的工作。

策略 81

给出反馈时，要进行简短的说明。

策略 82

选择合适的时间给出反馈。

策略 83

当你用反馈来增强掌控欲时，要让反馈保持客观，无须加入表扬。

跟着心流走

假设你完全沉浸在一项活动中，完全沉浸在那一刻。其他的一切都消失了，你的时间感知变了，你几乎忘记了自己是谁，置身何地。这叫作心流状态。

你如果能激发人们进入心流状态，就可以让其保持专注，并长时间以巅峰状态从事一项活动。激发心流状态，就是激发掌控欲。

心流状态

2008 年，米哈里·契克森米哈（Mihaly Csikszentmihalyi）撰写了一部关于心流的书。多年来，他一直在研究世界各地人们的心流状态。让我们来看一些关于心流状态的事实，它发生的条件，以及它是一种什么样的感觉。

全神贯注于任务

控制和集中注意力的能力至关重要。如果我们从自己正在着手的活动上分了心，心流状态就消失了。

有具体的、明确的、可实现的目标

不管是什么活动，只要有着具体的目标，心流状态就会出现。当我们聚精会神地从事一项任务时，我们只让与目标相符合的信息进入。研究表明，为了进入并保持心流状态，我们需要感觉自己很有机会达成目标。如果我们认为自己很可能失败，就无法诱发心流状态。反过来说，要是活动的挑战性不够，它不能维持我们的专注度，心流状态会终止。

要有反馈

为了停留在心流状态，我们需要有关目标实现的反馈。一些最宝贵的反馈来自任务本身。

举例来说，我在心流状态下弹奏钢琴，我通过倾听钢琴传出来的声音获得持续的反馈。我不一定随时需要来自钢琴老师的反馈。

要有控制

控制是心流状态的重要条件。我们不一定必须控制整个局面，甚至也不一定感觉控制了整个局面，但我们必须感觉自己在充满挑战的局面下对个人行为有着很强大的控制力。

时间发生变化

对我们中的一些人来说，时间加速飞逝——我们抬头一看，几个小时就过去了。对另一些人来说，时间会变慢。

不感觉自我受到威胁

为进入心流状态，我们的自我和生存意识一定不能感觉受到威胁。我们必须足够放松，把所有的注意力都集中到手头的任务上。实际上，大多数人沉浸在任务中时都会失去自我意识。

心流状态因人而异

我们每个人都可通过不同的活动进入心流状态。能触发你进入心流状态的事情，不一定跟其他人的一样。

心流状态是跨文化的

到目前为止，心流状态似乎是一种常见的人类体验，只有一些患有精神疾病的人无法感受它。例如，精神分裂症患者，很难被激发进入或保持心流状态，这有可能是因为他们无法满足上述几项条件，比如无法集中注意力，无法自控，或总是觉得自己受到威胁。

心流状态是愉悦的

简单地说，我们喜欢沉浸在心流状态中。

前额叶皮层和基底神经节都参与

前额叶皮层负责集中注意力，基底神经节参与多巴胺的产生，而多巴胺的产生能给人带来愉悦感以及继续前进的动力。

怎样激发心流状态

我们从事各种各样的任务都可进入心流状态。例如，弹奏乐器、烹饪、写报告或者做演讲的时候，我们都可以沉浸到心流状态中。心流状态并不仅限于特定类型的任务。我们不必为了进入心流状态而去别出心裁地做事情。

心流状态的出现，是由于我们执行任务的方式，而非执行任务的类型。一旦处于心流状态下，我们会动力十足地继续做自己正在做的事情。我们还希望再次执行该任务以重新进入心流状态。

让我们来看一个例子。假设你让自己团队里的成员杰夫就某个特定主题撰写一篇白皮书。你希望他弄清需要做些什么研究，需要采访什么人，等等。你希望他撰写白皮书，并向团队呈交白皮书摘要。你还希望他喜欢做这件事，因为你想要他将来会主动提议撰写更多的白皮书。

这里有一些点子，可以鼓励人进入并保持心流状态。我们以杰夫为例：

- 给人们布置一项有着可实现目标的具体任务。

告诉杰夫你想要他完成的事：你希望他为团队撰写一份白皮书和报告。告诉他你知道他以前从来没有写过这类文章，它可能很有挑战性，但你相信他能胜任。告诉他有关白皮书的具体要求，如长度，以及你希望何时完成。

- 让人们拥有尽量大的自主权，如，他们怎么完成任务，在哪里、在什么时候、跟谁一起完成。

你可以告知杰夫一些初始资源，或者对他说，如果碰到问题可以来找你，但要让他知道，怎样去展开研究由他自己拿主意。

- 人们着手做任务之后不要打扰。

每当你看到杰夫，要克制住自己，别去问他白皮书写得怎么样了。

- 创造反馈的机会，反馈最好是来自任务本身的。

杰夫可以判断自己在白皮书上是否有所进展，所以，他在做这项任务时自然会传回一些反馈。

如果你以这种方式设定任务，杰夫就有可能在撰写白皮书期间进入心流状态。如果当真如此，他会喜欢这项任务，并更有动力坚持下去，以后完成更多的白皮书。

策略 84

如果你激发人们进入心流状态，他们会工作更长时间，而且干得更努力。

策略 85

为保持心流状态，让人们在活动中自己控制行为。

策略 86

为保持心流状态，不要打断别人。

策略 87

为保持心流状态，要保证任务具有足够的挑战性，但并非不可能完成。

第八章　心智技巧

如果我们熟悉某件事（也就是对一场经历还记忆犹新），我们往往会高估该经历再次发生的可能性。如果我们对某件事不熟悉（没有近期的记忆），我们往往会低估这种经历再次发生的可能性。

你兴许看到过类似图 8.1 所示的视错觉。

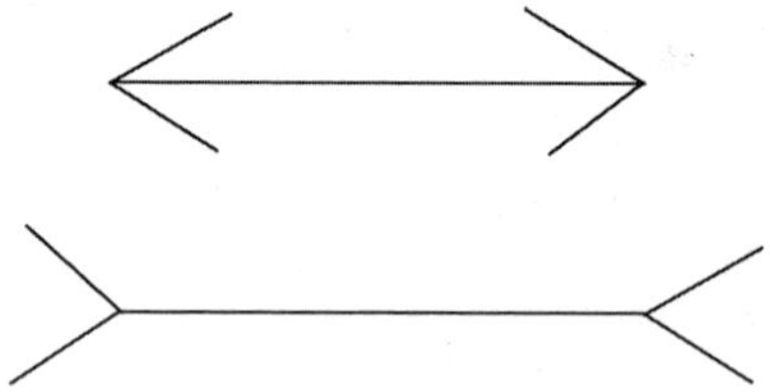

图 8.1　缪勒-莱尔（Müller-Lyer）视错觉

上面的线段看起来比下面的线段短，但实际上它们的长度相等。一如我们会受到视错觉的影响，我们也会被认知错觉所欺骗。大脑会愚弄我们，让我们对某件并不成立的事情信以为真。如果你理解了这些“心智技巧”，那么，你就能够逐渐理解人们会怎样想，以及更可能的他们没有在想什么，而是自动做出反应。你可以利用这些自动思维模式让人们做事。

请看图 8.2。

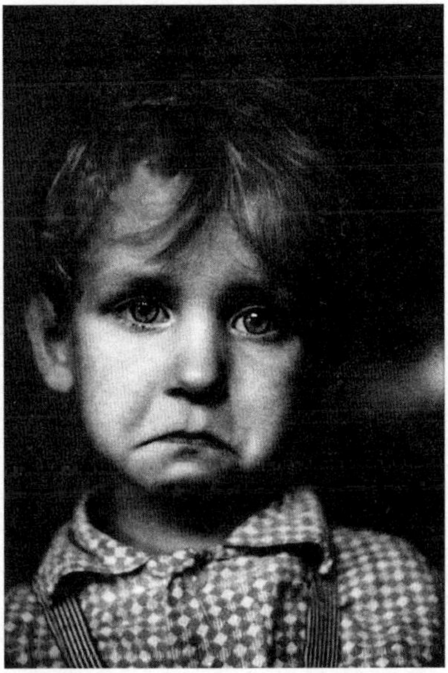

图 8.2　你看到了什么？

你看到了什么？你大概很快就能发现，自己在看一张小男孩的照片，男孩看起来很伤心。你并没有真正思考，就做出了这样的判断。在《思考，快与慢》（*Thinking*，*Fast and Slow*，2011）一书中，丹尼尔·卡尼曼（Daniel Kahneman）描述了大脑思考的两种不同系统。他称之为系统 1 和系统 2，或是“自动”思考和“努力”思考。前面提到的照片，就是系统 1 思考的一个例子，它迅速、直观、自动。我们在前面几章已经谈到过，大多数心理过程都是无意识进行的。被卡尼曼称为“系统 1”的思考，大部分都是无意识进行的。

现在，看看下面这道数学题，你能否不用笔纸，心算出答案呢？真的，暂停阅读 30 秒，试试用脑袋把答案算出来。

18×26＝？

我希望你真的尝试了，但我敢打赌你没有完成任务。你兴许放弃了。这是系统 2 思考的一个例子。它很难，且需要费功夫。它不是自动的，而是需要有意识的思考和努力。卡尼曼介绍了一项研究，该研究表明，我们努力完成一项系统 2 任务时，瞳孔会放大。如果你仔细观察人们的眼睛，你能判断出他们是否在执行系统 2 思考。

让我们再试试看。这里有一个文字问题：

> 一根球棒和一颗球的总价是 1.10 美元。球棒比球贵 1 美元。球的价格是多少？

你的答案是什么？这个问题来自肖恩·弗雷德里克（Shane Frederick，2005）设计的“认知反射测试”系列问题。你或许以为这个问题会激发系统 2 思考，毕竟这是道数学题。有意思的是，大多数无意识给出的答案会是球的价格是 10 美分。但这个答案是错的，正确答案是 5 美分（如果球的价格是 5 美分，球棒比它贵 1 美元，那么球棒的价格是 1.05 美元。两者相加，总价为 1.10 美元）。

系统 1 几乎总是头一个跳出来回答每一个问题，解决每一件麻烦，对任何正在发生的事情做出反应。当我们看到球棒和球的题目，系统 1 给出了直觉的回答 10 美分。接着我们认为自己搞定了。系统 2 根本不曾启动。

懒惰的大脑

系统 1 几乎总是胜过系统 2。基本上，我们的大脑很懒，不想努力运转。

从生物学和进化的角度来看，努力思考消耗大量的葡萄糖，这也就意味着我们必须去寻找食物。而在我们努力思考去哪里寻找食物的时候，我们说不定不曾注意到一头狮子正向我们走来。大多数时候，我们大脑会选择简单、自动的系统 1 回答。基本上，使用系统 1 的答案更安全，也更容易。

通过演化，我们让系统 1（直观而迅速的）人脑过程做出大部分决定，并给出"猜得最准"的答案。大多数时候，即使是工作努力、思维缜密的系统 2 也会附和系统 1 给出的答案。让系统 2 推翻系统 1 很难。让我们回顾一下本章开头提到的缪勒-莱尔线段（见图 8.3）。

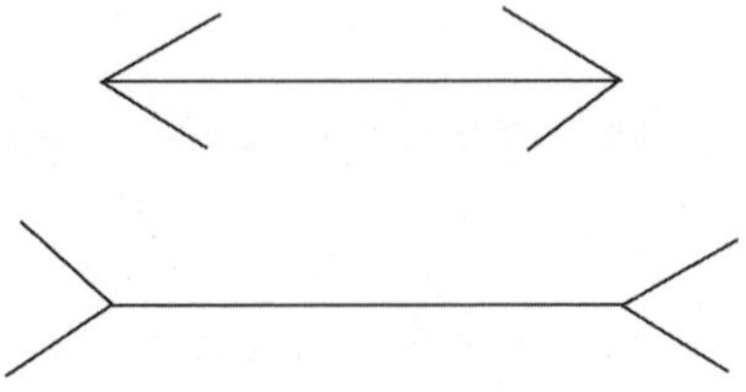

图 8.3　缪勒-莱尔视错觉

现在，你知道这些线段的长度相等。我甚至希望你去拿把尺子，亲自验证一下它们是不是一样长，但这不重要。不管你观察这些线段多少次，不管你是否相信我，也不管你是否拿了尺子量过，你仍然觉得下面那条线段比上面那条要长。不管你的系统 2 怎样向你证明它们的长度一样，解释为什么一条线段看起来比另一条要长，你的系统 1 仍然认为一条线段就是比另一条线段要长，并将该信息发送给系统 2。

但这跟让人做事有什么关系呢？

大多数时候，我们对系统 1 思考的依赖，对我们自己很有好处。它让我们活下来，方便我们处理接收到的大量数据，并让世界变得可以理解。但有时候，系统 1 会不经充分考虑，就迅速做出决定。你可以利用这种迅速做出本能决定的倾向，让人们去做事。如果你理解系统 1 和系统 2 思考之间的区别，你可以：（1）用系统 1 能理解的方式提出你的请求/任务/论点，从而极大地提高你获得对方迅速应允的概率；（2）万一你需要对方仔细思考，再做出决定或采取行动，你可以做几件非常具体的事情来唤醒系统 2。

为了让人们做事，你需要判断自己想要激活哪套系统，然后采取相应的激活步骤。否则，胜出的就是系统 1。

策略 88

如果你希望人们迅速做出决定，就要让他们的思考变得容易。

策略 89

如果你希望人们把事情想清楚，就要让他们的思考变得更难。

寻找替罪羔羊

“蒂姆和哥哥吵了一架。第二天，他到学校来的时候全身青一块紫一块。”

当你读到上面的句子，你很可能会自动地、直觉地这样推断因果关系：蒂姆身上青一块紫一块是因为他跟哥哥吵了一架，对吧？“故事”本身并未明确说明这一点，但你的系统1思考会直接蹦出这一结论。不过，蒂姆说不定只跟哥哥发生了口头争执，而那天晚些时候，他和朋友们踢了一场激烈的足球比赛，结果弄得他浑身青一块紫一块的。

系统1应用因果关系（不管因果关系是否存在），因为它喜欢干净利落的故事。系统1喜欢把所有东西都装进一个整齐的包裹里，它喜欢前后连贯。当想法和事实“黏着”或聚集到一起，那么，系统1就可以做出上述快速的联系和决定。

科学家和研究人员不喜欢这一倾向，即人们随意将因果关系套用到本来并无因果关系的地方，他们称之为逻辑谬误。有两种常见的逻辑谬误，分别是：

1. 把两件同时发生的事认为存在因果关系。

2. 如果一件事跟着另一件事发生，则前一件事导致了后一件事。

或许你听说过“相关性并不意味着因果关系”的说法。不同的因素往往联系在一起，但弄清谁是因谁是果很难，甚至根本不可能。

例如，来自若干研究的数据显示，接受激素替代疗法的女性，患心脏病的概率也更低。

因此，医生们认为，激素替代疗法可以保护女性免患心脏病，许多人甚至给自己的绝经期女患者开相关处方药。但最初的研究只说明这两种因素之间存在相关性，并非存在因果关系。

事实证明，如果你给普通女性开这些激素药物，实际上会增加患心脏病的风险！早期研究中激素和心脏病之间的关系，其实反映了社会经济地位和心脏病之间的关系。

需要并接受激素替代治疗的女性，大多拥有较高的社会经济地位。她们有着好于平均水平的饮食，锻炼也更多。实际上，降低心脏病发病率的是饮食和锻炼，而非激素。激素替代疗法与心脏病之间存在相关性，但激素并没有导致心脏病的减少。

然而，系统 1 并不愿意完成所有这些思考！系统 1 听到相关性，就自动跳出因果结论。如果你希望人们做出这样随意的思维跳跃，那么，你应确保所有的信息构成了漂亮完整的故事，没有峰回路转的意外。而如果你希望人们把事情想清楚，调动系统 2 来思考，那么，你就需要让系统 2 运转起来。我们将在本章稍后部分看到怎样做到这一点。现在，我们继续看系统 1 是怎样运转的。

策略 90

如果你想让人们快速反应，那就提一个不需要思考的简单请求。

讲述连贯的故事

本书有一整章的内容论述故事的力量。系统 1 不光喜欢故事，还希望所有事情都能联结成一个连贯的整体。

如果你想激活系统 1，让人们做出快速而直观的决定，那么，你需要创造一个连贯的故事，坚守不变。如果你引入了一个不属于故事的想法，或是你中途改变了故事，那么，所有的事情就脱了节，不再连贯了。系统 1 会感到不舒服，转而向系统 2 求助。

这就是为什么简单、单一的信息，比复杂的信息更有效。这里有一个例子：

我曾为一家制作动画视频的公司工作。我在网站和博客上所用的动画视频，就是这家公司制作的。你听到有人说话，同时还看到一只手画出对话中所提及的信息。这家公司名叫 TruScribe，他们只做动画视频。这很简单。他们很容易解释自己是做什么的。他们的业务很简单，而且，他们也在网站上简单地对其进行了解释（当然，还是用的动画视频!）。

因为视频简单易懂，人们很容易采取下一步行动，联系该公司，探讨可能的业务往来。如果他们还出售品牌和图标服务（在创办 TruScribe 之前，老板经常这么做），要理解他们是什么人、做些什么事，就会变得更加复杂。保持简单，让这家公司的业务故事前后连贯，调动了系统 1。

策略 91

如果你使用简单连贯的故事，人们更有可能做出决定或采取行动。

思维启动的力量

如果我先给你们看 HOCKEY（曲棍球）一词，接着我再给你看缺了一个字母的单词：P _ CK，你有可能会在缺失字母的地方填入“U”，构成 HOCKEY PUCK（打曲棍球）。

但如果我先给你看 SUITCASE（手提箱）一词，再给你看同样的单词 P _ CK，你恐怕就不会在缺失字母的地方填“U”了，你说不定会填入“A”，构成 PACK（包装）。

你怎么知道是填“U”还是“A”的呢？

这是一种叫作“启动”（priming）手法的例子。系统 1 很容易受启动的影响。仅仅展示一个词，你就可以影响别人对接下来事情的反应。如上所述，用单词 HOCKEY 启动，会让你看到 PUCK；用单词 SUITCASE 启动，会让你看到 PACK。

玩《大富翁》让人变得卑鄙

我的孩子们还小的时候，我们经常玩《大富翁》游戏。这是我儿子最喜欢的游戏之一，也是我最喜欢的游戏之一。我们玩得非常溜，甚至到了没人想再跟我们玩的地步。我们太强硬、太无情了。

游戏将永远继续下去，因为不管是我儿子还是我，都不愿意妥协或谈判。“你越来越卑鄙了，”女儿抱怨说。这是真的。我能感觉到自己的行事作风变得不同了。

其实，我的行为变化是可以预测的。明尼苏达大学营销学副教授凯瑟琳·沃斯（Kathleen Vohs）研究了金钱对人的影响。她甚至无须使用真正的钱，仅仅是用金钱的概念，就能改变行为。

在研究中，她让人们做一些单词解谜的游戏，一些词里涉及到金钱；也有时候，她让受试者在一个房间里做任务，房间的桌子上放着《大富翁》桌游所用的游戏币，或是屏幕保护程序展示一幅金钱的图片，或是使用另一些启动手法。接着，她把参与者置于不同的情境下。例如，有人走过房间时掉了一盒铅笔，或是另一个（设计好的）参与者请求帮助，要不就是有人请参与者向慈善机构捐款。

结果始终一样。经金钱启动的人更少请求别人帮助，也更少帮助别人，捐赠更少的钱，他们更喜欢独自工作或玩耍，在自己和他人之间留出更多的空间。

沃斯（2006）得出结论：金钱的概念令人更喜欢做出自给自足的行为。她对自给自足的定义是：人们处在一种更努力工作以实现个人目标，并偏好与他人隔离的状态。

如果你希望让人们独立行事，那就先让他们接触金钱的概念或图片。如果你想要人们合作并帮助他人，就不要提到金钱，也不要展示金钱的图片。

策略 92

如果你希望人们独立行事，不妨故意提到金钱。

策略 93

如果你希望人们与他人合作或帮助他人，那么不要提及金钱。

死亡的信息

苏菲准备在一场慈善晚宴上发表演讲。该慈善晚宴是为一家非营利组织发起的，它为医疗队提供资金，让医生到世界的一些农村和贫困地区为负担不起医疗费用的人做手术。

苏菲希望演讲能鼓励慈善晚宴上的富有赞助人为该组织捐赠更多的钱，支持医疗队随后的派遣。如果苏菲想要发挥说服力，得到捐款，她的信息应该是什么样的呢？具体来说，她应该提到死亡吗？她是否应该提到，如果没有医疗队和手术，会有更多的人死去？提及死亡，会让潜在捐赠者给她捐赠更多还是更少？

在我们回答这个问题之前，不妨再看看另一个相关但略有不同的情况。阿莉莎同样准备在一场慈善晚宴上发表演讲。这一场慈善晚宴是为当地一家医院发起的。该医院正设法筹措资金，修建一栋新的癌症治疗大楼。阿莉莎希望自己的演讲能鼓励晚宴上的富人捐钱来支持新大楼。如果阿莉莎想要发挥说服力，得到捐款，她的信息应该是什么样的呢？阿莉莎应该提到死亡吗？她是否应该提到，如果没有新大楼，社区里会有更多的人死于癌症？

在前一节中，我们看到金钱充当启动因素，可以影响人们的行为。一如你会受金钱概念的启动，你也会受死亡或相关概念的启动。

在《思考，快与慢》一书中，卡尼曼考察了以死亡作为启动的研究。在研究中，以死亡作为启动叫作“死亡显著性”或“恐怖管理理论”。展示有多少人死于癌症的统计数据，或是谈起具体某个人的去世，展示某人濒死的照片，这些做法都可以算作提及死亡，以死亡作为“启动”。

听人提及死亡，会改变我们的行为。当受死亡信息启动时，我们会做出更多“亲社会”行为。这也就是说，当受死亡信息启动时，人的行为倾向于跟自认为所属的群体之社会规范保持一致。受死亡信息启动，让我们遵循所属群体的行为。

那么，如果苏菲或阿莉莎想要拉到更多捐款，她们应该在各自的演讲里提到死亡吗?

如果捐款是她们所在群体社会规范的一部分，答案自然是肯定的。但情况又没那么简单。如果一个人富有，同时也认为富有的人应该回馈社会，那么，当受死亡信息启动时，他更有可能捐款。然而，这样的人往往倾向于只给自己所属的社区事业捐款。

受死亡信息启动，会让我们的共情减弱。当我们受死亡信息启动时，大脑中与共情相关的部分的活动反而会减少。这就是为什么那些受死亡信息启动的人，往往对跟自己不一样的人不敏感。

研究表明，当人们受死亡信息启动时，他们对残疾人的同情心会减少，倾向于责怪受害者而不是提供帮助。用死亡信息启动，还会让人们更愿意服从权威。所有这些都表明，阿莉莎应该提及死亡，因为她是在为当地社区募捐；但苏菲应该避免提及死亡，因为它会减少人们对“其他人”的同情心。

策略 94

如果你想要人们服从权威，那么使用死亡信息。

策略 95

如果你想要人们遵循自己认同的群体的社会规范，那么使用死亡信息。

策略 96

如果你想要人们对社区内的人行善，那么使用死亡信息。

策略 97

如果你想要人们对社区外的人表示同情或慈悲，那么避免提及死亡信息。

锚定：数字不仅仅是数字

请看下面的乘法题。不要做乘法，而是估算一下你认为答案会是多少：

8× 7 × 6 × 5 × 4 × 3 × 2 × 1

阿莫斯·特沃斯基（Amos Tversky）和丹尼尔·卡尼曼（2011）在研究中询问人们这个问题，发现人们对上述数字的平均估计是 2 250。但是当他们以相反的顺序显示数字（1 × 2 × 3 × 4 × 5 × 6 × 7 × 8）时，平均值是 512（顺便说一下，正确答案是 40 320)。从较大的数字 8 开始，跟从较小的数字 1 开始相比，前者得到的估计值要高得多。

特沃斯基和卡尼曼把这种“一个数字影响人们对另一个数字的估算、感知或偏好”的倾向，称为“锚定和调整”。也就是说，人们容易受到你给出的起始参考点的影响。这一起始参考点充当了锚点，改变了人们从这里开始的期待。

举个例子，如果一家商店的广告说，顾客可以购买打折苏打水，但每名顾客只能买 10 瓶，那么人们就会比只说苏打水打折时购买更多的苏打水。以 10 作为上限，将 10 作为锚点。不提及数字时，0 充当默认锚点。以 10 作为锚点，人们最终会购买比没有锚点时更多的苏打水。

把最贵的产品或服务摆在头一位

我们当地的洗车场按价格的高低罗列服务：

- 终极至尊全车清洗：24.99 美元
- 至尊全车清洗：15.99 美元
- 全车清洗：11.99 美元
- 轮胎快冲：8.99 美元

服务名称或许太过夸张，但定价使用了锚点的手法。因为在英语中，我们的阅读顺序是从左往右、从上到下，所以我首先读到的价格是 24.99 美元。这就设定了锚点。15.99 美元和 11.99 美元听起来不如 24.99 美元那么贵。

如果反过来会怎样呢?

- 轮胎快冲：8.99 美元
- 全车清洗：11.99 美元
- 至尊全车清洗：15.99 美元
- 终极至尊全车清洗：24.99 美元

这一下，锚点成了 8.99 美元。跟它比起来，15.99 美元和 24.99 美元显得贵极了。

20 美元还是 19.95 美元

如果你看看如今几乎任何东西的价格，你会发现，价格往往很具体：29.95 美元，而不是直接用个整数 30 美元。在锚定时，使用具体的数字还是泛指的数字有区别吗？答案是：有。

如果你使用泛指锚点，人们对估计或价格点的调整，会大于具体的锚点。故此，如果锚点是 29.75 美元，人们会倾向于调整数字的具体部分——在本例中，也就是以 10 美分为单位进行上下调整。他们会调整到 29.85 美元或 29.65 美元。

如果锚点是 30 美元，他们很可能会以 1 美元为单位进行调整，例如，31 美元或 29 美元。

这意味着，锚定效应不仅影响其数字本身，还影响其所使用的比例。你使用的初始价格越具体，最终的估计就越是接近初始价格。

任意的锚定

锚定最奇特的地方在于，锚点甚至不必跟当前的实际主题相关。

在另一项研究中，特沃斯基和卡尼曼（Kahneman 2011）让人们玩轮盘赌。轮盘分布着从 1 到 100 的数字，但研究人员对轮盘作了手脚，它始终只会停在数字 10 或数字 65 这两个位置。转动转盘并得到一个数字后，研究人员让参与者猜测有多少非洲国家是联合国成员国。

在转盘上转出数字 10 的参与者，平均猜测 20%的非洲国家加入了联合国。而转出 65 这一数字的参与者，平均猜测 45%的非洲国家加入了联合国。哪怕是一个随机的数字，也可以充当锚点。

任意锚点小测试

这里有一道测试题：

1. 如果你是一位美国公民，在纸上写下你社会保险号码的最后两位数字。如果你不是美国公民，那就从 10～99 的范围里随意选一个两位数写下来（写下数字之前别念出来！）。

2. 现在来看看以下的产品报价："你可以购买三瓶拉菲葡萄酒套装：一瓶来自波尔多产区的凯萨天堂，一瓶来自朗格多克产区的奥希耶古堡，一瓶来自智利的巴斯克酒庄。"

3. 你愿意用相当于你社会保险号码最后两位数字（或你写下的随机数字）的价格购买这三瓶葡萄酒吗？例如，如果最后两位数字是 45，你会为这三瓶酒支付 45 美元吗？如果你事先并不知道葡萄酒的价格，那么，回答这个问题时不要找人询问价格，也不要上网查询。

丹·艾瑞里（Dan Ariely，2003）进行过类似的研究。他在课堂上向学生们展示了几样东西，包括葡萄酒、无线键盘和鼠标、一本关于图形设计的书以及一盒比利时巧克力。他给学生发了一

张纸，上面列出了所有物品，要求学生们写下自己社会保险号码的最后两位数字。接下来，他要求学生们把这些数字转换成美元金额（也就是说，45 变成 45 美元），并在每一物品旁边写下自己是否愿意为之支付这一金额。接着，他要求学生写出自己愿意为每一物品支付的最高金额。艾瑞里使用这一数字作为“出价”，报了最高数字的学生，按此金额支付款项并买下该物品。

事后，他对数据做了分析。社会保险号码以 80～99 的数字结尾的学生出价最高（平均为 56 美元）。社会保险号码在 1～20 区间的学生出价最低（平均为 16 美元）。而当艾瑞里问学生，写下社会保险号码最后两位数字是否影响了他们的出价时，学生们都说，不，一点也没有。

策略 98

如果你想让人们接受一个高数字，那么使用高数字锚点。

策略 99

如果你想让人们接受一个低数字，那么使用低数字锚点。

策略 100

如果你想影响人们对价格的感知及数值估算，那么可以使用任意数字作为锚点。

策略 101

如果你想让人们选择高档产品或服务，就要先列出档次最高的服务和最高的价格。

策略 102

如果你想让人们的出价接近你最初的锚定价格，那就使用非常具体的锚点。

策略 103

如果你想让人们考虑跟你最初锚定价格不同的价格，那就使用不那么具体的锚点。

熟悉感带来满意度

为什么连锁餐厅和商店如此成功呢？原因之一在于，每家连锁餐厅或商店看起来都一样，销售的产品也很相似（很多时候甚至全是相同产品），跟该连锁店下的其他所有餐厅或商店一样。

虽然大脑中有些部位喜欢新奇，但太新奇的话，往往会让人紧张。我们喜欢熟悉的东西。如果所有东西都是熟悉的，系统 1 就会继续运行。系统 1 把“熟悉”跟“良好”等同起来。

曝光效应

我们接触某物越多，就对它越熟悉，越觉得它“好”。这就是所谓的“曝光效应”，这种效应在 5 到 7 次曝光时达到顶峰，过了这一限度，我们就开始想要新奇的东西。

熟悉造就真实

系统 1 不光将熟悉与良好联系起来，还进一步跳跃到了真实性上。

熟悉＝良好＋真实

这是我们系统 1 思考造就的一次有趣飞跃。仅仅因为熟悉，并不意味着事情就是真实的。但如果我们经常看到或听到某件事，我们的系统 1 思考就会把对它的熟悉感和它带来的良好感，等同于真实性。

记住，如果你想把所有这一切都维持在系统 1 当中，而不是“唤醒”系统 2，那么，你的信息也应该保持连贯和简单。

简单＋熟悉＝良好＋真实

凡是能减缓认知压力的做法，都会使信息看起来更真实。

我们认为熟悉的事情更有可能再次发生

2012 年 10 月，纽约市经历了一场强烈的飓风（飓风桑迪）。纽约市在未来 5 年内发生超级风暴的可能性有多大？

如果你在风暴之前的 2012 年 10 月问人们这个问题，你所得到的答案，跟风暴之后的 2012 年 11 月完全不同。

如果我们熟悉某件事（也就是对一场经历还记忆犹新），我们往往会高估该经历再次发生的可能性。如果我们对某件事不熟悉（没有近期的记忆），我们往往会低估这种经历再次发生的可能性。由于这种熟悉效应的存在，人很难准确地估计特定事件发生的概率。

你可以利用这种熟悉效应让人做事。比方说，如果你想让人们购买洪水保险，最好的时机就是在新闻报道里出现了洪水之后。最近经历过洪水或听说过洪水的人，会高估它将来发生的可能性。

策略 104

如果你希望人们以积极的方式看待一种产品或想法，先让他们熟悉这一产品或想法。

策略 105

如果你想要人们认为你提供的东西良好而真实，保持信息简单，并让人们接触 5 到 7 次。

策略 106

如果你希望人们认为类似的事件可能会再次发生，那么要在事件第一次发生后立刻问他们。

策略 107

如果你希望人们低估事件再次发生的可能性，那么问他们一件最近不曾发生过的类似事件。

策略 108

如果你想让人们高估某件事再次发生的可能性，那么问他们一件最近发生过的类似事件。

让文字难以阅读

这里有一道需要你求解的应用题：

湖里有一片睡莲。睡莲的面积每天都翻倍。如果这片睡莲覆盖整个湖面要用 48 天，覆盖半个湖面要用多长时间？

24 天还是 47 天？

谢恩·弗雷德里克（Shane Frederick）在认知反射测试（Cognitive Reflection Test）中使用了这个问题。在实验中，他先是用一种清晰的字体（跟你刚才看到的字体相似）给一半的参与者看这个问题。而另一半的参与者，看到的关于该问题的字体则很难阅读，如下：

湖里有一片睡莲。睡莲的面积每天都翻倍。如果这片睡莲覆盖整个湖面要用 48 天，覆盖半个湖面要用多长时间？

24 天还是 47 天？

字体的可读性会造成影响吗？使用不同的字体，人们给出答案的对错会有什么不同呢？（顺便说一下，正确答案是 47 天。）

是的，字体确实发挥了影响，但兴许跟你想的不一样。

在这项研究中，使用更大、更容易阅读的字体，90％的人做错了。而使用难以阅读的字体，只有 35％的人做错。

如果一种字体易于阅读，系统 1 思考就会采用它往常的做法——快速做出决定，但并不总是准确的。而如果字体难以阅读，系统 1 会放手，让系统 2 接管。也就是说，如果一种字体难以阅读，人们会想得更用心，做更多分析。

我并不是说作家和设计师随时都应该故意使用难以阅读的字体，但上面的发现表明，当字体又大又容易阅读时，我们是不是有意无意地鼓励人们不动脑筋。

策略 109

如果你想让人们对所读的内容做出快速反应，就要让它易于阅读。

策略 110

如果你想让人们在回应所读的内容之前多思考多分析，就要让它难以阅读。

安于现状

在《思考，快与慢》一书中，丹尼尔·卡尼曼提出了这样一个问题：

摩西带进方舟的每种动物各有多少只？

你的答案是多少？每种动物两只？

哈哈，实际上，摩西没有把任何动物带进过方舟。那是诺亚。

当你读到这句话时，你的系统 1 思考启动了："哦，对对对，动物和方舟……当然是两只。"你的系统 1 思考运转得并不太费劲。只要一切都按照大脑的预期发生，那么，系统 1 就只做必要的最低限度思考，所以，它很容易犯这样的错误。尽管这句话里提到的是摩西而不是诺亚，但它们都出自圣经典故，你根本就没注意到两者的差异。

但如果我问的问题是：

詹姆斯·邦德带进方舟的每种动物各有多少只？

就算你不知道詹姆斯·邦德是谁，你也不会不假思索地认为这个问题站得住脚。这是因为詹姆斯·邦德并非系统 1 在这个句子里所期待出现的名字。一旦发生了系统 1 没预料到的事情，它就把一切都托付给了系统 2。

系统 2 立即发现问题根本不成立。系统 1 不断寻找所谓的“正常”。卡尼曼说，系统 1 的功能是维护和更新你个人世界模型，让你随时知道何为正常。当某些事情不“正常”时，系统 1 便转向系统 2，让后者进行分析、提供帮助。

系统 2 欣喜若狂。前面这句话不对，是不是？你马上就注意到有问题。她为什么要写“系统 2 欣喜若狂”呢？你的系统 1 进行最初的阅读工作，但当它看到那句话，它便停下来，向系统 2 求助。

如果你想让人们思考而非遮掩信息，那么，你可能需要给他们一些意外，以便激活系统 2 思考。

我发表演讲或执教研讨班的时候，会在发言里加入各种出人意料的手法。我会说一些人们预料不到的话。我会按下隐藏的按钮，发出很大的喇叭声，或是播放出乎人们意料的图片。通过构建一些意外，在整个课程当中，我让系统 2 思考始终保持清醒。

策略 111

如果你想让人们不假思索地快速做出决定，就不要做任何出人意料的事情。

策略 112

如果你想让人们更审慎地思考，就做一些出人意料的事情。

让人不舒服

你要到本地市政委员会去游说，说服他们把某条街道改造成步行商业街。关于这为什么是个好主意，这么做将怎样为附近其他城镇的本地商人带来更多生意等相关问题，你有很多数据可提供支持。但你也知道，你将面临一场苦战。之前有别的人曾跟市政委员会讨论过此事，但无疾而终。你怎么才能达到目的呢?

有可能，市政委员会成员有一种“确认偏误”。这就是说，人们倾向于关注本来就相信的东西，并过滤掉不符合自己观点与信念的信息。

如果你把步行商业街有什么好处的数据提交给市政委员会，委员们可能不会听。他们会过滤掉它，因为它不符合委员们此前得出的结论，也即：他们不喜欢或不想要步行商业街。

然而，你可以打破这些偏误。你需要这样做：

1. 提出你的听众已相信的事情并表示认同。

例如，你可以从市政委员会担心步行商业街会让人们难以在喜欢的商店附近找到停车位这一点着手。与其一开始就提出问题的解决办法，不如从他们相信的事情开始：“步行商业街占用了关键的停车位！没错！”你的听众可能会想：“正是如此！改成步行商业街之后就没法停车了。”现在，你在这一点上附和他们，他们会更有可能听你往下说。

2. 引入认知失调。

认知失调指的是人们对持有互相矛盾的观点、意见或信念感到不舒服。本例中，你的听众认为步行商业街占用了停车位，停车位对商家很重要，如果你占用了停车位，就会减少生意。听众们并不认为这些想法互相矛盾，所以没有任何认知失调。

但接下来，你要向他们提供一份权威的研究，该研究表明，建有步行商业街的城镇，地方销售额提高了30%。这样一来，市政委员会就出现认知失调了。委员们希望提高销售额，但这跟他们认为步行商业街影响停车的看法不一致。

认知失调令人不舒服。市政委员会的委员们现在很不舒服。人们会采取行动来消除认知失调。

3. 减少认知失调。

你先认同市政委员会的意见，接着引入了导致认知失调的研究数据。现在，你必须立刻说些什么，让委员们摆脱不舒服的认知失调。比方说，这时你可以指出，需要步行商业街来缓解当前的交通和停车拥堵。在当前的商业区，购物者有时候要无奈地把车停在三个街区之外，努力穿过交通繁忙的十字路口。交通拥堵是购物者的一大障碍。所以，步行商业街实际上能够解决交通拥堵问题，提升销售额。

你需要提供一套快捷的解决方案来缓解他们认知失调的痛苦。他们会如释重负，更有可能同意你的提案。

策略 113

如果你试图打破确认偏误，就先告诉人们一些他们已经知道并且认同的事情。

策略 114

在试图打破确认偏误的时候，借助认知失调让人们暂时感觉不舒服。

策略 115

一旦你确立了认知失调，提供一种能缓解人们不适的答案或解决方案。你将成为英雄，因为你在解决问题的同时让他们感到舒服，故此，你有望打破认知偏误。

渴望确定性

我们能应对多大程度的混乱状况而不会感到不舒服呢？不同的人能力各异。但若情况模棱两可或是不确定，人们必然会感觉到一定程度的不舒服。

碰到不确定状况就产生不适感，这种现象自有原因。研究人员观察了大脑在模棱两可或不确定期间的活动，发现杏仁核的活动增加（Hsu，2005）。杏仁核是处理情绪的地方。我们对不确定性的反应，跟身体受到威胁时的大脑模式相同：杏仁核活动增加。

假设说，你正考虑升级手机，手机店里的销售员为你提供了若干不同的方案。你不知道怎么做。你觉得模棱两可，不确定。

这种感觉令你很不舒服，你兴许会做出以下两种行为之一：

1. 为了让这种不舒服、不明确的感觉消失，你可以暂时不做决定，走出商店。

2. 如果你碰巧有个“手机专家”朋友，你可以给他打电话。

研究消费者电子产品购买情况的人经常提及决策过程中关键人物的重要性。如果你认识一个知道该怎么做的朋友，你兴许会接受他的建议。感觉模棱两可或不确定的人很容易受影响。你可以使用以下三种策略之一来影响其决定：

- 消除不确定性（只提供一种手机套餐）。
- 提供专家来帮助他们做决定（如果他们自己没有“手机专家”朋友，你就主动为他们找一个）。
- 为问题或待做的决定提供一种简单的解决办法。

如果你采用以下的做法，人们做出决定的可能性会更大：

1. 引入恰好能让人觉得不舒服的模棱两可和不确定性。

2. 提供一种解决方案，让不确定的感觉消失。

策略 116

利用模棱两可和不确定性，可促使人们采取行动。

策略 117

提供简单的解决方案，消除不确定性。

别让人们想太多太久

我在执教研讨班时，我经常问人们以下问题：

假设你对主题真正感兴趣，主讲人很出色，你认为自己能专注地听他讲多久不走神，不去想今天晚饭吃什么，你忘记回复一条重要信息之类的事？

我通常会得到各种各样的答案。有人说一小时，有人说两小时，有人说三分钟。一两个小时真的估计得太乐观了！事实上，不管你对主题有多感兴趣，也不管主讲人多么优秀，你很难一直听下去，并且长时间全神贯注，除非你处在心流状态（参见第七章“掌控欲”）。

当然，我们可以看一部两小时的电影，并保持专注（如果这是一部精彩的电影），但看电影跟系统 2 的努力思考不一样。哪怕只是努力思考 20 分钟，你就消耗了大脑中为努力思考所必需的全部葡萄糖。

如果你想让人们学习、记忆并集中注意力，那么，你需要采用最长 20 分钟一轮的时间设置。每隔 20 分钟，人们就需要一轮休息。它可以是伸展休息，站起身，四处走动；可以是吃些零食；可以是互相聊天的社交休息；可以是短暂的小睡；也可以是任何其他能让人暂停系统 2 努力思考的事情。

如果你不给人们休息的时间，超过了 20 分钟后，人们无法进行最好的思考，或真正地集中注意力。

策略 118

为了让人们真正理解你所说的话，至少每 20 分钟休息一次。

要想听起来深刻，一定要多押韵

我们都熟悉下面这一类的谚语或者名言：

一鸟在手，胜过双鸟在林。

小洞不补，大洞吃苦。

嘴巴一紧闭，苍蝇飞不进。

你大概没有意识到，押韵的短语显得更深刻。所以，我既可以说：

Woes unite foes

也可以说：

Woes unite enemies

这两个短语意思相同（均有“祸患招仇敌”的意思），但人们会认为第一个更深刻，因为它押韵。

策略 119

如果你想让别人觉得你很聪明或是想要表达一个观点的时候，那么使用一句押韵的引言。

简单的名字最好

我的姓是威辛克（Weinschenk）。要是我姓沃尔特（Walters）、威尔逊（Wilson），或者其他发音更容易的名字，我大概能开展更多的咨询、培训，卖出更多的书籍。

研究表明，人们相信名字容易发音的人更可信。你自己的名字，或许已经没法改了，但如果你要给产品或服务起名字，如果你想让它看起来更可信，选择一个容易发音的名字。

策略 120

为了在听众中建立可信度，选择一个容易发音的产品或服务名称。

怎样让人们记住事

你正在跟一个人通电话，对方告诉你一条消息。他说，你需要马上打电话给某人，并给了你对方的名字及电话号码，但是你没有纸和笔把信息写下来。

这种情况下很容易忘记名字和电话号码。你求助于一些记忆策略，比如一遍又一遍地重复名字和电话号码，趁着电话号码还在脑子里闪过的时候，你尽量一放下电话就立刻联系那位该致电的人。

然而，你说不定曾毫不费力地记住过许多电话号码。为什么有些事情就是更难记得住呢？你怎样才能让人们记住事？

尝试记住一个电话号码，是工作记忆的例子。工作记忆的容量就只有这么大，一旦超过时限，你就会彻底忘掉它。工作记忆中的信息很容易遭到干扰。

压力削弱记忆

如果你试图记住一个名字和电话号码，同一时间却有人跟你说话，你可能会很生气。你还会忘掉名字和电话号码。如果注意力不集中，它就会在工作记忆中丢失。这是因为，工作记忆与你集中注意力的能力挂钩。为了把信息保存在工作记忆中，你必须不断地集中注意力。

使用功能性磁共振成像对大脑活动进行扫描，研究人员发现，人处在压力之下时，前额叶皮层（大脑前额后面的部分）的活动减少，也就是说，压力会降低工作记忆的有效性。

减少感官输入

有趣的是，工作记忆和你一次性处理的感官输入量成反比。拥有高工作记忆力的人能够更好地屏蔽周围发生的事情。前额叶皮层判断你该把注意力放到什么东西上。如果你不再关注周围所有的感官刺激，而是把注意力集中在工作记忆中的那一件事上，那么，你能记住它。

多用，要不就会忘

如果你想让人们把信息从工作记忆转移到长期记忆，那么，你必须让他们多次重复，或者把信息跟人们本已知道的事情关联起来。

假设你想在销售流程里引入一个新步骤。你把销售团队召集到一起，告诉他们新的步骤，并问他们是否“明白了”，每个人都点了头。

你拿不准，所以你让他们重新向你解释该步骤。他们能够做到这一点，所以，现在你确信他们已经学会了新的步骤，能够记住它。

他们能的，是吧？

事实上，只接触信息一次，兴许并不够。你需要多次重复。重复会改变大脑。大脑里有 100 亿个存储信息的神经元。电脉冲贯穿神经元，并通过突触间隙的神经元递质，在神经元之间传递。每当我们向自己重复一个单词、一个短语、一首歌曲或一个电话号码时，大脑中的神经元就会被激活。记忆的存储，体现为神经元之间的连接模式。如果两个神经元同时激活，它们之间的连接就会得到强化。

如果信息重复得足够多，神经元就会形成放电路径。一旦形成了痕迹，那么，只要启动该序列，就会触发其余的项目，记忆便出现了。这就是为什么我们需要一次又一次地接触信息，好让它停驻在脑海里。

经历会引起大脑的生理变化。短短几秒之内，新的回路形成，有可能永久地改变我们对某事的想法或记忆信息的方式。

然而，为了形成放电路径，我们需要重复此若干次。具体需要重复多少次，取决于信息的复杂程度，以及它跟我们本已知道的事情的关联是否紧密。

如果我要你在本就非常熟悉的销售流程中添加一个简单的步骤，那么，我大概只需要重复该信息 3 次，就可以建立放电路径。但是，如果这一步骤很复杂，或者你对销售流程的其余部分不太熟悉，那么，我可能需要重复 5 到 7 次，才能让放电路径变得足够清晰，让你能轻松地将其从记忆中提取出来。

忘了中间部分

你在一场大会上听人演讲。演讲结束后，你在酒店大堂碰到一位朋友。“演讲说的是什么?”她问。很可能，你记住了在演讲结尾时看到和听到的内容，但对开头和中间部分的内容却记得不怎么清楚了。

这叫作近因效应：我们往往能记住最近发生的事情。

然而，如果在演讲的过程中，你的手机震动了一下，你离开一会儿去接电话，之后再回到演讲现场，那么，你很可能记得住演讲的开始，却忘记了结尾。

这叫作后缀效应：如果我们遭到打断，那么，我们记住的往往是打断之前发生部分的开头。

无论是受近因效应还是后缀效应的影响，我们都容易忘记中间部分。

人更容易记住具体的词语和想法

假设我正为一场关于《工作权利法》（a right-to-work law）的辩论做准备（在我撰写本书期间，这是美国的一个热门话题）。我可以这样向你介绍这件事：

> 工作权利法严格限制了劳工权利。有些职场规定，加入工会是政府雇员的必要上岗条件。工作权利法禁止了这样的规定，因为它剥夺了工人的选择自由。

但这里还有另一种说法：

> 工作权利法规定，员工自愿缴纳工会会费。人们仍然可

以加入工会，这是他们自己的选择，但他们不能强迫自己的同事向一家私营机构交钱。

撇开政治不谈，我们只看看这两段话的措辞。第一段话提到“劳工权利”、“职场规定”、“必要上岗条件”和“选择自由”。第二段话提到“缴纳工会会费”、“强迫自己的同事”和“交钱”。第一段话提到的概念更抽象；第二段话的词语和想法更具体。

如果你在竞选政治公职，想让人们记住你在工作权议题上的立场，你应该使用具体的词语来传达信息，因为人们更容易记住含义具体的词语，而不是抽象的词语。

策略 121

如果你想让人们记住某事，就减少感官输入和他们所体验到的压力。

策略 122

如果你想让人们记住某事，就让他们多次接触信息，并让他们主动地重复信息。

策略 123

如果你想让人们记住某事，就把这件事放在活动的开头或结尾进行陈述，不要放在中间部分。

策略 124

如果你想让别人记住你说的话，就使用具体的词语而不是抽象的词语。

你脑袋里的图式

如果我让你形容“头”是什么，你可能会说大脑、头发、眼睛、鼻子、耳朵、皮肤、脖子等等。脑袋由很多部分组成，但你把所有的信息都收集到一起，并把它叫作“头”。

同样地，我谈起“眼睛”的概念，你会想到组成眼睛的所有部分：眼球、虹膜、睫毛、眼睑等等。心理学家称这些分组为“心理图式”（schemas）。

仅仅一个心理图式就能帮你组织大量信息。你使用心理图式把信息存储到长期记忆里，并借助它进行检索。你不光拥有“头”和“眼睛”这种具体事物的心理图式，对更为抽象的事物，比如“工作在我生活里扮演的角色”，你也拥有心理图式。更重要的是，你会根据心理图式来过滤信息。

专家通过心理图式存储的信息更多

一个人对某件事越在行，他的心理图式就会越有条理、越强大。例如，一个刚接触国际象棋的人需要许多小心理图式：

- 模式 1：如何安排棋盘上的棋子
- 模式 2：王后怎样移动
- 等等

但一个国际象棋高手可以轻松地将大量信息堆积到同一个心理图式中。他可以看着进行到一半的棋盘，告诉你刚开始时落子的一些步骤，两名棋手各自的策略，以及下一步可能会怎么走。他当然知道怎样安排棋盘，以及每一枚棋子如何移动。

新手需要很多心理图式，而专业棋手将相关信息全部存储在同一个心理图式下。这使得信息检索更快、更容易，也使得专业棋手能更轻松地将与国际象棋相关的新信息存入长期记忆中。这样，只要一块存储空间，专业棋手就能记住大量信息了。

我的心理图式跟你的相匹配吗

人们对各种事情都有心理图式，并运用这些心理图式来过滤和响应信息。在《疯狂行为学》(*What Makes Your Brain Happy and Why You Should Do the Opposite*) 一书中，戴维·迪萨尔沃 (David DiSalvo，2011) 举了一个工作面试的例子。如果你是面试官，你的脑袋里对这份工作是什么、你所在组织的运作是怎样的、做这份工作的上一个人是什么样的等事宜，有一个非常具体的心理图式。这一心理图式会影响你怎样向面试者描述这份工作，你也会借助这一心理图式来判断候选人是否合适。

反过来说，来参加面试的人对自己的理想工作有一个心理图式。他们甚至对你的公司也有一个心理图式。这些心理图式会影响他们的行为、言语，以及接受工作邀请的意愿。

你可以看到，不同人的心理图式很容易发生冲突。应聘者或许想找一份要求不苛刻的工作，这样她就能承担起照顾孩子和年迈父母的责任。根据她的心理图式，她会判断你的工作不适合自己。反过来说，在你对这份工作的心理图式里，这是一份要求苛刻的工作。你也许认为这份工作很棘手，需要投入很多时间，需要奉献精神，需要熬夜，但对于从事这份工作能学到许多东西，能有所进步的人来说，这些都是好事情。对同一个空缺岗位，你的心理图式可能跟求职者有着很大的不同。

如果心理图式是无意识的，而且彼此不匹配，就会产生误解。如果你想让人们做某件事（比如接受一份工作邀约），你需要了解他们围绕这一主题的心理图式，这样，你才能调整跟他们的互动方式，以及你所提供的信息。

我们大多数人都认为自己知道别人的心理图式是什么样的，但很多时候，我们无非是将自己的心理图式投射到别人身上。

我是几年前意识到这一点的。我替一家咨询公司工作，向公司总裁汇报工作。他送我去参加一个为期一周的领导力培训课程。负责执教和培训的公司进行了一轮“360 度环评”，也就是说，我的老板、老板的老板、我的同事和为我工作的人都要就我、我的工作、我的沟通技巧等方面填写一份长长的问卷。我也要填写一些问卷。

培训期间，我们收到了问卷摘要报告。其中一份摘要比较了以下内容：

- 我认为哪些技能对我的工作最重要
- 我认为老板认为哪些技能对我的工作最重要
- 老板说哪些技能对他最重要

问卷涉及了 12 种技能，我们把它们从低到高进行排序，1 最重要，12 最不重要。

我和我的老板相处得很好，我经常跟他沟通，每年就工作目标要跟他聊好几次，我感觉，我们彼此很了解。

你可以想象，当我发现自己使用了错误的心理图式时，我有多么惊讶。他评为最重要的技能，在我的列表里排在最后，反过来说，我自认为最重要的技能，在他的评价里也是垫底的。

本书中的一些策略就算你并不知道，对那些你想叫去做事的人也能发挥作用。比方说，大多数人对稀缺信息或死亡信息都会做出类似反应。但如果你要对此有效地加以应用，本书中的许多策略的确也要求你理解具体适用人的相应心理图式。

策略 125

为了让人们做事，要了解他们以及他们的心理图式，这样你才能调整策略，与他们看待世界的方式相适应。

策略 126

仔细检查你对心理图式的假设——我们容易认为自己的心理图式跟互动对象的是一样的，但实际上，双方的心理图式有可能不同。

改变一切的两个字

让人们向自己问一个以“我会”打头的简单问题，真的能改变他们的行为吗？答案是肯定的！

易卜拉欣·塞内（Ibrahim Senay，2010）检验了“我会”（I will）与“我会……吗”（Will I）（如，“我一周锻炼 3 次”对比“我会一周锻炼 3 次吗”）对人们行为的影响。做出陈述（“我会”）比提出问题（“我会……吗”）更有力量，这似乎是个常识。

但研究的结果并非如此。如果人们把意图表述为疑问句，则更有可能实际执行该行为。塞内的理论认为，如果人们问自己一个激发其内在动力的问题，会更容易让他们贯彻始终。

策略 127

如果你能让人们问自己一个以“我会”打头的问题，你就有更大可能让他们按照该陈述采取行动。

比喻能改变人的思考方式

“犯罪正如瘟疫般折磨着我们的城市”是一个比喻。犯罪并不是真正的瘟疫，但它可以像瘟疫一样。下面是其他一些常见的比喻：

他有一颗雄狮之心。

她高兴得一蹦三尺高。

他腰缠万贯。

倾盆大雨瓢泼而下。

我心碎了。

比喻不仅仅是沟通想法的一种表达方式，也是一套能影响行为的框架。

保罗·锡伯杜（Paul Thibodeau，2011）让人们分组合作，提出解决社会问题的方案。他向人们描述了各个城市的犯罪问题，并提供了城市犯罪的统计数据。接着，他请人们想出解决犯罪问题的办法。

有些人拿到的问题描述使用了野生动物的比喻，例如，犯罪是“捕食城市的野兽”，或者犯罪“潜伏在社区里”。另一些人拿到的问题描述使用的是疾病比喻，例如，犯罪是“感染城市的病毒”，“如瘟疫般折磨着社区”。

比喻对解决方案产生了什么样的影响呢？

如果人们看到的是野生动物的比喻，那么他们提出的解决方案，75％都围绕着警察和执法；只有25％的解决方案涉及诸如就业、住房或教育等社会项目。而用医疗比喻时，解决方案56％涉及执法，44％涉及社会项目。

有趣的是，研究人员问参与者这些描述是否会影响其解决方案，大多数人都说不会。人们认为，犯罪统计数据是主要甚或唯一的影响因素。他们没有意识到自己的解决方案有可能受到了比喻的影响。

比喻深刻地影响着人们对一个话题的想法，以及他们提出的解决方案和做出的决定。仔细思考你怎样描述一个情境，使用了什么样的比喻。你所使用的比喻，会改变其他人对此问题的感知，及其可能提出的解决方案。

策略 128

谨慎选择你用来向别人描述某一情境的比喻。这一比喻为问题搭建了框架，影响着解决方案和结果。

抓住时机

我在户外慢跑，听着最喜欢的一档播客节目。节目开始前，播客的制作人做了一段请求捐赠的宣传。他请听众将几个简单的字符发送到一个短信号码。我如果这么做了，就会有 10 美元捐给该播客。我放慢脚步，花了 10 秒钟发短信。

如果他让我上网去捐款，那就不够具体了——也并不涉及冲动行为。我不会立刻停下自己的锻炼，去访问一个网站，浏览捐赠步骤。而等我锻炼完回到家的时候，我很可能都忘记了该做什么，甚至根本忘了我曾想要捐款。

我听这档播客节目很多年了。为什么我以前没捐款呢？我没有意识到自己不曾为它付过费吗？不，我知道自己从没购买过它。我是“订阅”并免费下载它的。我很穷，给不起钱吗？我是个吝啬鬼舍不得捐赠吗？不，我不是这样的人。

我其实不喜欢这档播客节目吗？不，我觉得它很有价值，也很有趣。

那我为什么之前从不曾捐过款呢？因为从来没人告诉我该怎么做，也从来没有人曾经在我听播客期间捕捉到我的冲动。没人给过我具体的行动指示，抓住时机让我冲动而为。

策略 129

为了让人们采取行动，要利用他们的冲动倾向。

策略 130

为了鼓励冲动行为，让你的要求具体、简单、快捷。

时间就是金钱

研究表明，如果你想让人们捐款，那么，要是你先请他们捐出时间，他们会更有可能捐钱且捐出更多的钱。

在《倾听效应》(*The Dragonfly Effect*) 一书中，珍妮弗·阿克尔 (Jennifer Aaker, 2010) 介绍了自己与温迪·刘 (Wendy Liu) 共同做的一项研究。两人请人们通过美国肺癌基金会来帮忙抗击肺癌。她们先把美国肺癌基金会的使命告诉人们，接着说明该基金会正在发起筹款活动，并询问一半的人："你愿意为美国肺癌基金会捐赠多少时间呢?"但没有问另一半的人这个问题。

稍后，她们又问两组人："你愿意向美国肺癌基金会捐赠多少钱?"没有先被问及捐出时间的人平均承诺捐赠 24.46 美元。但先被请求捐出时间的人，平均认捐 36.44 美元。作者报告说，人们在实际捐赠时也发生了同样的事情，而不光是在询问捐款意向时如此。

很难知道这到底是因为什么。有可能是出于让步（见第二章"归属需求"），也可能是因为提前提到了捐赠一词产生了某种启动效应。但还有可能，它跟占用时间有些关系。

策略 131

如果你想要人们花更多的钱，首先请他们花更多的时间。

人们重视体验甚于物品

占用时间使得人们花费更多钱，原因可能在于，一旦提及时间，你强调的是使用产品带来的体验，而不仅仅是购买。

什么能让你更快乐呢？拥有体验还是拥有物品？你是更喜欢跟家人一起去旅游，还是买一台新电视跟家人一起看旅游频道？

莱恩·豪威尔（Ryan Howell，2012）询问人们更重视什么：新近的体验还是新近购买的东西。

人们报告说，通常是体验让自己更快乐。他们还说，在生活中，其他人也会因为拥有体验而非物品而变得更快乐。

利夫·范·鲍文（Leaf Van Boven，2010）通过数年研究，发现把钱花在体验而非物品上会让大多数人更快乐。时间比金钱更重要，重视体验甚于物品，原因之一或许是，许多体验都涉及和别人一起做事。联系和社会交往很重要。

时间比金钱更重要的观点，并不适用于所有人，也不适用于所有购物。

研究表明，只有少数人重视物品甚于体验。情感上缺乏安全感、富有、考虑购买“奢侈品”（例如，一辆昂贵的汽车）的人，看重自己所购买的“物品”甚于体验。

如果你在卖东西或请求捐赠，试试看能否把购买或捐赠变成一种体验。例如，与其向人们出售音乐会门票，不如向人们出售其与朋友分享音乐的体验。

当你想让人们为慈善机构捐款时，如果你能提供体验，而不是单纯地索取金钱，你会获得更多、更慷慨的赠款。例如，让你的慈善机构发起一场“边走边跑”的活动，举办一场慈善音乐会或舞会。较之提供杯子、伞、书或CD等赠品，这些体验会带来更多的捐赠。

策略132

向人们兜售体验。较之物品，人会在体验上花更多钱。

走神

你开车去上班，想着工作、家里的事和周末计划，不知不觉中，你把车开进了公司的停车场。你会惊讶地发现，你甚至根本不记得开车的过程。你真正记得的最后一件事是钻进车里。在你开车的20分钟里，发生了些什么事呢？你在“走神”。

走神这种现象有多常见呢？如果你问人们这个问题，他们会估计，自己大概有10%的时间在走神。但实际上，它要常见得多。

根据加州大学圣巴巴拉分校乔安娜·斯库勒（Jonathan Schooler，2009）的研究，你在做普通日常任务时，大脑至少有30%的时间在走神，在某些情况下（比如在畅通的高速公路上开车），走神的时间甚至可能高达70%。

走神跟白日梦相似，但又不一样。心理学家用“白日梦”来指一切游离的想法、空想，或你想象出来的故事，比如中了彩票或是成为名人。“走神”一词更具体，它指的是你在做一项任务时，会情不自禁地想一些与该任务无关的事情。

马莉娅·梅森（Malia Mason，2007）记录了人们的大脑活动，并将之与人们自己声称的走神进行关联。当人们称自己在走神时，若干在大脑休息时活跃的皮层区域都表现活跃。这些区域总是在后台运行。所以，走神是我们大脑运转的一个自然组成部分。

多任务并行的走神状态

在走神状态下，大脑的一部分专注于手头的任务，而另一部分跟踪着意识里的更高目标。例如，当你开车的时候，你一方面注意着路况，另一方面还想着你到达目的地后要开的会议。

走神恐怕是我们最接近多任务并行处理的状态。多任务并行处理其实并不存在。对多任务进行处理的研究表明，我们并不能同时做一件以上的任务。我们真正的做法是快速切换任务。心理学家称之为“任务切换”，而非多任务并行处理（Meyer，1997）。但是走神确实能让我们把注意力从一个念头转移到另一个念头上，接着又再次切换回来。例如，你正在阅读一篇关于医生推荐你服用的药物的文章，但你的大脑却走神想到你应该预约理发。

走神有助于发挥创意

加州大学圣巴巴拉分校的研究人员发现，经常走神的人更富有创造力，也更善于解决问题。他们能够一边处理手头的任务，一边处理其他信息，并将不同的想法建立联系。具体来说，随意进出走神状态的能力非常有意义，它是顶级创意人士的标志。

拥抱走神

现在，你知道人至少有 1/3 的时间在走神，你能做些什么或者应该做些什么呢？

• 增加休息时间。之前，我们谈过要保证人们多休息。你也可以主动增加休息时间，因为如果你不主动做，人们自己也会靠走神来休息。

• 不要耻于攫取别人的注意力。人是很容易分心的。就算人们全神贯注从事一项任务，让他们分心也很容易。

• 理解人们的分心。吸引他人的注意力很容易，反过来也就意味着，分散他人的注意力也很容易。你需要不断把别人的注意力往回拉。举个例子，如果你在会议上发言，你需要时不时地有所变化，才能把人们的注意力拉回到你身上。走到房间里的另一个位置，或是提出一个问题，有助于人们从走神中恢复过来。

• 允许人们走神。走神不全是坏事。既然我们知道走神跟创造力有关，那么，试着改变你对它的态度。如果有人坐在办公桌前茫然地看着天，她兴许是在想自己养的狗，也可能是在进行创造性思考。

策略 133

接受人们至少有 1/3 的时间在走神的事实，运用本书中的策略来吸引他们的注意力。

让人停止思考

你一直在琢磨着一个似乎无法解决的问题或设想。兴许，你正努力想弄清工作中的某个项目怎样安排人手，你怎么也想不出该怎样腾出合适的人来完成该项目。你还没有想出答案，但眼下到了午餐时间，你要去见一个朋友，顺便办些琐事。处理完琐事，吃完午餐，你从大街往回走，突然，你脑海里灵光一闪，顿悟了该怎样为项目安排人手。

这种灵光乍现的现象很常见。实际上，这就是我们大脑解决问题的方式。科学家弗里德里希·奥古斯特·凯库勒（Friedrich August Kekule）发现了化学物质苯的环状结构。他讲述过一个自己做白日梦梦见一条蛇咬住自己尾巴的故事，这就是他为什么想到苯的分子结构是一个环。

灵光乍现牵涉到大脑基底神经节。大脑基底神经节是多巴胺存储的地方，也是在你大脑意识知觉之外运转的部位。

如果你有意识地想要解决一个问题，前额叶皮层便运动起来。可如果一个问题需要“跳出窠臼”式的思考，那么，你就需要暂时把问题从意识里删除掉。如果大脑的意识部位停止处理该问题，大脑的无意识部位就会接管它。做一件不相关的不同活动——洗个澡、散散步、走神或是去睡觉——你能够通过潜意识思维过程以新的方式将信息连接起来。

有一些问题，人们有可能有意识地花了几天、几个月，甚至数年时间都无法解决。如果你希望人们巧妙地解决问题，拥有这种乍现的灵光，那么，你就要让他们：

· 先花一些时间有意识地解决问题。虽然灵光乍现出现在人们潜意识地思考问题的时候，但前额叶皮层必须先有意识地找出问题所在。故此，有意识的先行思考至关重要。

· 停下对问题的思考，去做一件无关的活动。这时候，基底神经节接管了前额叶皮层。在这里，能自动去做的习惯性肢体行为是最合适的。你希望让前额叶皮层进入休息模式。灵光不仅出现在人不在思考手头问题的时候，甚至出现在人们什么问题都还没想的时候。这也就是说，散步、洗澡或其他不需要做太多思考、允许走神的活动，最容易带来灵光乍现。

策略 134

如果你想让人们解决问题，尤其是创造性地解决问题时，让他们停止思考。

策略 135

为了最大限度地提高解决问题的能力，增加松散的走神时间。

懊悔的力量

在所有促使人们采取行动或避免某种行动的情境和感觉里，

懊悔是力量最强的一种。我们不喜欢懊悔的感觉，也会尽力去避免懊悔。但什么让我们感到懊悔，什么又能让我们摆脱懊悔呢？答案或许会叫你大吃一惊。

更多的机会等于更多的懊悔

我们拥有的机会和选择越多，我们感受到的懊悔也越多。我们越是觉得自己本可以做得更好，我们感受到的懊悔就越是强烈。如果我们觉得自己的决定或行动是别无选择的，那么，我们反而不会觉得太懊悔。

与机会相关的另一个概念是，纠正行为越强越清晰，人们越是感到不满意、越是觉得失望。

例如，假设你正在为即将到来的特殊日子选餐厅。有三家很棒的餐馆，在你想要的那天都可以提供服务。你从这三家餐馆里选了一家，跟工作人员商定了菜单。到了最后一分钟，餐馆打来电话，要更改你预定的菜单。你先是提出抗议，但最终妥协了。你对他们在活动期间提供的食物完全不满意。

你本可以采取纠正措施（坚持让他们使用双方约定好的菜单），或者选择一家不同的餐馆办活动，但你什么都没有做，尽管你明明有机会，也有明确的纠正措施。在此情况下，你会感到十分懊悔、不满和失望。

让我们来对比下面一种场景：在你希望举办活动的日子，只有一家餐馆能提供服务，而且它只提供一套固定的菜单，没有商量的余地。哪怕你对食物的评价跟前一个例子一样差（或者一样好），你也觉得没那么懊悔、没那么失望和不满。

懊悔激发行动

由于我们不喜欢懊悔，也由于我们对本可以弥补的事情感到最为懊悔，所以，懊悔实际上是采取行动的动力。

如果我们感到懊悔，那么，这就是我们最有可能采取行动的时候。而且，我们通常会在懊悔之前就采取行动以求避免。

年纪越大，懊悔越少

虽说有违直觉，但人的年纪越大，懊悔越少。这是因为，年纪越大的人，改变或补救问题的机会越少。他们不再感觉永远都能去做不同的事情了。由于懊悔跟你感觉自己还有机会相关，所以，人年纪越大，越不容易感觉懊悔。

策略 136

如果你想减少人们的懊悔，那么给他们的选择要尽量少。

策略 137

如果你想要人们采取行动，那么要在他们感觉懊悔的时候调动他们。

拿着沉重的东西

如果你手里拿着很重的东西，你会做出不同的决定吗？听起来似乎不太可能，但它是真的。

约书亚·阿克曼（Joshua Ackerman，2010）和约翰·巴奇（John Bargh）进行了一项研究，让求职者从三种方式中选择一种提交简历。一名求职者用普通的打印纸提交简历；另一名求职者用普通的打印纸提交简历，但简历夹在一块很轻的夹纸板上；第三名求职者用普通的打印纸提交简历，但简历夹在一块很沉的夹纸板上。接着，研究人员让面试官评估哪位求职者最适合这份工作。面试官手持沉重的夹纸板阅读简历，对这份简历的求职者评价最高。

拿着重物同时看简历，会让求职者显得更重要。实际上，拿着重物（如一本书）时思考的任何想法，都显得有一种重要感。把想法比喻为“沉重”或“有分量”，这是个物理推论。

它的相关术语叫作“具身认知”（embodied cognition），这不光指我们怎样把想法转变成重量，也涉及若干与触觉有关的判断。在心理学研究里，它的正式名称叫“触觉感知”（haptic sensations）。

你兴许会惊讶地发现，这些触觉感知对我们的感觉和判断有着多方面的影响。除了重物效应，人们还会对其他触觉感知有所反应：

·在社交互动中，较之触摸到柔软的物体，如果人们触摸到了粗糙的物体，比如坐在覆盖有粗羊毛坐垫的椅子上，那么，他们会认为这次互动更为艰难。

·较之触摸到柔软物体，如果人们触摸到了硬物，那么，他们会认为谈判条件更为严苛。

• 较之拿着冰冷的液体，如果人们拿着暖和的杯子（如端着一杯热乎乎的咖啡），那么，他们会认为自己与之互动的人性格更温和。

你可以借助这些触觉感知来让人们做事。如果你希望人们与他人进行更轻松的互动，那么，你可以在会议室里摆放柔软的家具（而非硬质椅子），使用柔软的织物覆盖（而非扎手的粗花呢）。如果你有重要的客户要来办公室，你希望他认为你是个温暖的人，不妨在开始之前给他一杯热咖啡或热茶。

策略 138

如果你希望人们进行流畅、灵活的互动，请使用柔软的物体和光滑的面料。

策略 139

如果你想让人们觉得你说的话很重要，请让他们手里拿些重物。

策略 140

如果你希望人们对你做出温暖的反应，请不要让他们手持冷饮，给他们一杯热乎乎的饮料。

第九章　在现实世界中使用激励动力和策略

> 让人们做事最简单的方法就是让他们自己想做。你对心理学了解得越多，就越能把你想要人们做的事跟他们自己想要做的事保持同步。

如果你领悟到了本书的要点，你大概已经对七种激励动力和每一种激励动力所对应的策略有了很好的认识。在这一章，我们来看看怎样将动力付诸行动。运用它们来让人做事，你必须：

- 判断哪种动力最适合你的情况。
- 判断该动力适合使用什么样的策略。

在本章中，我们将通过一些例子和案例研究，为你提供一些经验来做出这两个判断。

我在撰写本书时，曾请读者谈一谈他们对所用例子的看法。我请他们告诉我，他们想让人做什么事情。我在案例研究中收录了他们的许多回答，同时，又增加了一些我自己的例子。

不过，在我们开始之前，请牢记如下几个原则：

你可以合并动力。有可能有两种甚至三种动力（比如归属需求和习惯）都适合特定情况。运用一种以上的动力没问题。在选择动力时，说不定有不止一种可以发挥作用的策略，例如，对归属需求而言，社会认可、靠先发言来确立自己的领导者身份这两种策略都适用。

选择有最大潜力的动力。有一些动力的能量更为强大。如果在你所面临的具体情况下，若干种动力都有激励作用，那么，一定要使用最强的动力。以下按强弱顺序列出了各种动力：

1. 本能
2. 故事的力量
3. 心智技巧
4. 归属需求
5. 掌控欲
6. 习惯
7. 胡萝卜加大棒

如果一种特定的情况既可以使用“故事的力量”，也可以使用“胡萝卜加大棒”，那么，一定要使用“故事的力量”作为解决方案。之后，等你有时间和精力的时候，可以加入“胡萝卜加大棒”作为辅助。

尽量根据不同的个人定制方案。你对自己所要调动的人越是了解，就越能有效地选出良好的激励因素。例如，针对你的具体情况，“心智技巧”和“归属需求”通常都可以发挥作用，但针对具体的当事人，最合适的有可能是“归属需求”。

知道哪些动力适合长期改变，哪些动力适合短期的自动反应。有些动力适合长期改变，而另一些则适合让人在短期内做出自动的快速反应。

适合长期改变的动力是：

故事的力量

掌控欲

归属需求

习惯

适合自动化快速反应的动力是：

本能

胡萝卜加大棒

心智技巧

让人们想要做事。当你阅读本书时，你兴许已经意识到，**让人们做事最简单的方法就是让他们自己想做。你对心理学了解得越多，就越能把你想要人们做的事跟他们自己想要做的事保持同步。**说到底，这不是摆布操纵，这是理解。让我们开始运用这些理念，判断特定情况下应该采用什么样的动力和策略。

让人们捐钱

我管理着一家非营利慈善组织的地方分支机构，我希望人们捐款。

最适合用在这里的动力是“归属需求”和“故事的力量”。

故事的力量

使用前后一致的自我人格面具。将捐款与人们所讲述的自我故事联系起来，例如，“你是一个关心需要帮助的人的人……”

让他们先做一件小事。在请求他们捐款之前，鼓励他们向朋友分享你提供的人道救援信息，或是看看他们是否愿意当志愿工作者，在下周六花两个小时组织救援物资。如果他们没有现成的人格面具能驱使他们为你的事业捐款，这么做就尤为重要了。等他们采取小的行动之后，他们会改变自我人格面具，更有可能捐赠，因为捐赠现在与他们的人格面具相符了。

让他们做公开承诺。请他们以公开的方式捐赠。例如，把他们列入捐赠者清单，或是让他们在网上公开自己的捐赠。

归属需求

使用社会认可。展示已经有多少人捐了款。例如，在全球捐赠网（Global Giving website）上，你会看到，“自 2002 年以来，像你这样的捐赠者已经为 7 120 个项目捐赠了 76 920 248 美元。

了不起！”

使用大脑同步。跟他们一对一地交谈，做一次演讲，或使用视频（和音频），这样，你可以让受众的大脑与请求捐赠的人同步。

传达你的激情。请记住，情绪是会传染的。用语气来表达你对这个项目的热情，让别人兴奋起来。

使用互惠。在你请求捐赠之前给别人一些东西。例如，举办一场提供免费食物的招待会，邮寄免费的钢笔，提供特殊的信息，或赠送任何其他小礼物，让人产生一种亏欠感。

优先使用名词而不是动词。向人们请求时，说“你愿意做一位捐赠者吗？”而不是“你愿意捐赠吗？”使用名词能刺激人们对捐赠群体的归属感，也能让他们更愿意真正捐钱。

让人们采取主动

> 吉姆是我的一名员工。他基本上胜任自己的工作，但我希望他能更主动一些。我不希望他总是等着我来告诉他该做什么，我要他自己站出来，判断该做的事情，接着完成。

在这种情况下，最合适的动力是“掌控欲”、“胡萝卜加大棒”以及“故事的力量”。

故事的力量

使用故事进行提示。吉姆或许并不认为自己是个主动的人。

他或许还没有建立起“我是一个独立发起项目的人”的自我故事。如果他还没有，你可以推动他创造一个新故事，并为他贴上这样的标签。寻找途径和环境，促使他认为自己是一个主动的人（“上个月，你发起了某某项目……”），或者让他听到你对别人说，吉姆是一个主动的人，比如，给他抄送一份你写给别人的电子邮件，“你还记得上一次吉姆发起的某某项目吗……”

让吉姆听别人的故事。向吉姆讲述其他主动采取行动的人的故事。让其他人对吉姆分享自己的故事，效果会更好：“安德鲁，这个星期你能不能抽几分钟时间，给吉姆讲讲你是怎么整合并实施你缩短上市周期设想的？”

掌控欲

说明自主权限。让吉姆知道，他可以控制要做的事和做事的方法。

给他机会，让他从错误中学习。主动采取行动的道路，往往充满失误。一定要让吉姆知道，可以犯错误，但你希望他能从中吸取教训。如果犯错得到允许，他的掌控欲会变强。

给予反馈。如果吉姆犯错时你给他反馈，那么，他的掌控欲和主动欲就会变强。不要用反馈来赞扬或惩罚他。让反馈尽可能客观。

让别人聘用你

我对一份梦寐以求的工作提出了申请。我喜欢这家公司和我申请的职位。我真的想要这份工作！梅勒妮负责筛选求职者。我怎样才能让她把这份工作给我呢？

最适合这种情况的动力是“心智技巧”“本能”和“归属需求”。

心智技巧

激活系统1思考。你希望梅勒妮尽可能多地使用系统1（也就是简单而直觉的）思考。实际上，梅勒妮正在使用系统1思考。你的任务是让她尽可能多地停留在系统1。在提及自己的背景和经历时，你一定要讲述一个连贯一致的故事。

让打印文件易于阅读。因为你想让系统1继续运行，所以，要保证你拿给梅勒妮的所有打印资料，比如书面样本或简历，都使用简单清晰、足够大的字体，方便阅读。不要使用让文本难以阅读的背景颜色。

不要做任何出人意料的事。你可能认为你需要做些不同的事情好让自己脱颖而出，但等到你已经通过了最初的筛选，需要跟梅勒妮进行一对一谈话的时候，不要做任何出人意料的事情，因为那样会让梅勒妮从系统1思考切换到系统2思考。

利用确认偏误。由于确认偏误的存在，梅勒妮会寻找符合自己现有信念的信息。询问足够多的问题，你就能知道她对这份工作有着什么样的心理图式。

然后说一些她本就知道也认同的事情，如：“我知道你想聘用能跟团队其他成员友好相处的人”，或者“在如今这样的经济衰退中，雇用能立刻上手做事的人很要紧”。

提出简单的解决办法，消除模糊状态。人不喜欢模糊状态。不知道该聘用谁会造成模糊状态，进而产生不舒服的感觉。让聘用你成为简单的解决办法。不要引起任何复杂局面（比如突然提出你两个月都不能到岗，因为你答应跟朋友去加勒比海航行）。

让你的名字容易说。记住，如果你的名字很长或很难发音，它会侵蚀你的可信度，把本来容易的事情（比如聘用你）变得困难起来。你或许不可能只是为了想获得聘用而改名字，但你可以试试提供一个简化版："我的名字叫阿洛伊修斯，但大家都叫我阿洛。"

聚焦于面试的开始和结束部分，并为之做好准备。请记住，人们往往会忘记谈话的中间部分，所以一定要在开场白和结束语中说出要点。

本能

利用稀缺性和对损失的恐惧感。如果只有5%的平面设计师有硕士学位，而你又是其中之一，那么一定要提到这一点。拥有硕士学位的人稀缺，故此更有价值。如果你还有其他工作邀约，一定要告诉梅勒妮，让她知道你很抢手。如果你要在某个日期之前给另一家公司答复，也一定要提到这一点。有可能失去你，让你落到竞争对手那里，这个念头有可能会让梅勒妮迅速行动。

归属需求

以员工身份加入一家新公司或一个新组织，就像加入一个部落。我们的许多社会交往和认同感，都通过工作来实现。如果你想要某人聘用你，那么，许多与归属需求相关的策略都是积极的。

尽量多参加现场面试。如果你希望运用归属需求一章里提到的许多设想，也就意味着你希望能面对面地沟通，很多策略是无法在电话联系中使用的。效率最低的是通过信件或电子邮件来做所有的事情。你必须要能直接跟梅勒妮说上话。你至少要跟梅勒妮远程说话，这样，你才能使用说话者和听话者之间大脑同步的策略。

运用纽带。既然你想和梅勒妮建立融洽的关系，不妨试着同步地跟她一起做一些事情，以求建立纽带。举例来说，看看你们俩能否同时因为某件事而大笑起来。尽量从会议一开始就这么做。

做个领导者。如果梅勒妮把你看作领导者，那么你对她会更具说服力。在你们见面时先说话，但要简短——先说话（这是好事）并不等于主导整场谈话（这是坏事）。

注意你的语言。说话自信。不要说太快，也别说太慢。带着激情、活力和热心去交流。

注意你的肢体语言。一定要坐得直，站得挺。不要斜靠在家具上。不要坐得太靠前（暗示过分热切），也不要坐得太靠后（暗示不感兴趣）。在镜子前练习一些对话，确保你的手势跟你传达的信息相符。记得要偶尔直视梅勒妮的眼睛，说话时保持微笑。

使用相似性和吸引力。着装跟梅勒妮、与她同级的人、比她低一级的人类似。你希望梅勒妮相信你能快速融入并适应。弄清你申请的岗位级别穿什么样的衣服，然后穿一套与之相符的漂亮衣着。例如，如果梅勒妮穿的是商务休闲风格，她的下属穿的是休闲牛仔裤，那么，不妨试试两者之间的风格。如果梅勒妮穿商务套装，而她的员工全穿牛仔裤和 T 恤，你就应该穿商务休闲风格。如果梅勒妮和她的员工全穿套装，那你也应该穿套装。这么做是通过展示自己是群体的一员，建立融洽的关系。如果你曾跟招聘部门或人力资源部的人共事过，可以问问他们办公室穿什么衣服。他们喜欢求职者这么问。此外，要尽你所能地展现出自己的吸引力。保证你的发型好看，皮肤护理做得很好，衣服熨烫得平平整整，鞋子干净，等等。你或许没有明星般的美貌，但你可以采取手段，尽量展现自己的吸引力。

模仿身体动作和姿势。看看你能否模仿梅勒妮的一些身体姿势和动作。如果梅勒妮把一条腿叠在另一条腿上，你也可以这么做。如果她把手掌摊开放在桌上，你也可以这么做。不要表现得太过明显，但如果你能模仿她的部分动作，将有助于建立融洽的关系。

提到他人的名字。虽然不加选择地过多提及别人的名字，可能叫人觉得很烦，但如果你能提到一些自己效力过，而且梅勒妮也知道的公司的名字，这会对你大有帮助。如果你跟她认识的人共事过，或是为她认识的某个人做过事，你一定要提出来："在迪士尼做分析师的时候，我的一位同事我想你可能认识，他叫约翰·米尔顿。"这能营造出一种你本就是群体中一员的感觉。

比提及名字更好的做法是：社会认可。找梅勒妮认识的人给你写推荐信。最好在面试之前，让他（她）打电话或写信给梅勒妮。这表明其他人已经把你带进了群体，因此，梅勒妮很可能同样会这么做。

让某人接受一份工作

> 我一直在为我们部门的一个空缺职位面试候选人。我认为丽莎是最佳人选，并打算向她发出工作邀约。我真心希望她接受这份工作，这样，我就能结束招聘流程，继续做其他工作，而且我还能确定自己的团队里有了一位新来的优秀成员。我该怎么做才能让丽莎接受这份工作呢？

最适合这种情况的动力是“本能”、“故事的力量”、“归属需求”和“掌控欲”。

故事的力量

接入丽莎的自我人格面具故事。在丽莎接受面试的过程中，你兴许能够弄清她对所从事工作的自我故事是什么样的。借助这些故事，让你的岗位和组织更符合她的故事：

- “我知道，对你来说，重要的是你感觉自己正在创造不同。你能在这份工作中真正感受到这一点。”
- “我知道你是个重视工作和生活平衡的人。这份工作能帮你达成所愿……”
- “根据我们在面试中的交谈，我感觉你是个有雄心的人。这份工作会带给你一展雄心的机会。”

掌控欲

强调新的学习。丽莎会喜欢有机会在工作中学习新技能。要强调出她能学到的所有新东西。

暗示精英团队。我们喜欢感觉自己很特别，是一支精明强干的小团队中的一员。如果你告诉丽莎，“这份工作需要非常特殊的技能和经验。符合要求的人不太多。我们很高兴能找到你，因为你就是为数不多符合要求的人之一。”那么，她有更大可能接受该工作。

提及自主权。我们喜欢感觉自己在工作中享有自主权。如果你告诉丽莎，“在这份工作中，你有机会按自己认为最合适的方式行事。你对工作享有很大的控制权”。那么，她更有可能接受这份工作。

指出工作的挑战。我们喜欢感觉自己正在迎接挑战。如果你对丽莎说，“这不是一份容易的工作。把它做好并非不可能，但极具挑战性。我们相信你拥有成功所需的技能和知识。”那么，她会对这份工作更感兴趣。

不要显得太容易。如果丽莎觉得自己必须努力争取才能得到那份工作，她会更想要它。要确保求职的过程中，她必须克服一些障碍。要她接受两轮以上面试，并要求她提交简历和工作资历集。索要推荐信，并加以核实。采取这些步骤，会让丽莎有更大可能接受这份工作。

本能

激活稀缺和害怕失去的念头。一定要让丽莎知道你在面试其他求职者，以及你必须在某个即将到来的日期前做出最后决定。由于担忧花太长时间做决定可能失去这份工作，她会更快地接受这份工作。

在对话中尽量使用“你”而非“我们”。比如，“你会喜欢在XYZ公司工作的。你会发现……”

归属需求

至少在部分程度上，丽莎在决定是否加入你的群体（也就是你的公司或组织）。如果你让她觉得自己是你群体的一员，她很可能答应接受这份工作。

如果你不确定丽莎是否接受你的邀约，试着当面对她发出邀请。如果这做不到，至少要打电话告诉丽莎。如果你通过邮件或电子邮件进行联系，那么很多策略都无法使用。面对面沟通，你能运用的策略最多。

运用纽带。既然你想和丽莎建立融洽的关系，不妨试着跟她一起同步做一些事情，以求建立纽带。举例来说，看看你们俩能否同时因为某件事而大笑起来。尽量从会议一开始就这么做。

注意你的语言。说话自信。不要说太快，也别说太慢。带着激情、活力和热心去交流。

模仿身体动作和姿势。看看你能否在面试过程中模仿丽莎的一些身体姿势和动作，这将有助于建立融洽的关系。

让别人接受你为供应商

> 我要去见一位潜在客户。我希望客户能和我们签订供应合同，采用我们的技术咨询服务。我安排了跟该公司副总裁斯科特的会议，谈一谈为什么他应该考虑在下一代技术项目中把我们作为供应商。

最适合这种情况的动力跟获得聘用的一样，分别是“心智技巧”、“本能”和“归属需求”。

心智技巧

激活系统1思考。你希望斯科特尽可能多地使用系统1（也就是简单而直觉的）思考。在提到你的公司、你提供的服务、你效力过的客户时，要使用清晰、简单、连贯的信息。简单最好。

让资料易于阅读。因为你想让系统1继续运行，所以，要保证你拿给斯科特的所有打印资料，比如提案或报价，都使用简单清晰、足够大的字体，方便阅读。不要使用让文本难以阅读的背景颜色。

提出简单的解决办法，消除模糊状态。人不喜欢模糊状态。不知道采用哪家的服务，会造成模糊状态，进而产生不舒服的感觉。让采用你方服务，成为简单的解决办法。不要引起任何复杂局面（比如说，必须向法务部提供一份冗长、让人糊涂的合同）。

让你的名字容易说。记住，如果你的名字很长或很难发音，它会侵蚀你的可信度，把本来容易的事情（比如跟你签合同）变得困难起来。如果你公司的名字又长又复杂，提供缩短版或缩略词。

聚焦于会议的开始和结束部分。请记住，人们往往会忘记谈话的中间部分，所以一定要在开场白和结束语中说出要点。

在提到钱之前建立融洽的关系。在谈钱之前，一定要和斯科特建立起融洽的关系。谈钱会让人变得独立，降低合作意愿。

使用锚点鼓励斯科特购买更多的产品和服务。提供不超过三档的服务或产品组合。先介绍价格最贵的一档，以便锚定高价。

本能

利用稀缺性和对损失的恐惧感。让斯科特知道你很忙，你希望跟他合作，如果他能快些拿定主意，你兴许能把他排上日程表。由于你太忙，斯科特有可能失去跟你和你的公司合作的机会，这种想法会让你显得更具吸引力。

归属需求

使用互惠。给斯科特一些东西，以让他对你产生亏欠感。给他一次免费试用的机会，或是做能让他感觉你给了他一件重要东西、帮了他一个忙的任何事情。

尽量亲自见面。光靠打电话，你无法使用归属需求下的许多策略。效果最差的沟通方式是邮件或电子邮件。你最好是直接跟斯科特交谈。你至少要远程跟他通话，以实现你们大脑之间的同步。

运用纽带。既然你想和斯科特建立融洽的关系，不妨试着跟他一起同步做一些事情，以求建立纽带。举例来说，看看你们俩能否同时因为某件事而大笑起来。尽量从会议一开始就这么做。

做个领导者。如果斯科特把你看作领导者，你对他会更具说服力。在你们见面时先说话，但要简短——先说话（这是好事）并不等于主导整场谈话（这是坏事）。

注意你的语言。说话自信。不要说太快，也别说太慢。带着激情、活力和热心去交流。

注意你的肢体语言。一定要坐得直，站得挺。不要斜靠在家具上。不要坐得太靠前（暗示过分热切），也不要坐得太靠后（暗示不感兴趣）。在镜子前练习一些对话，确保你的手势跟你传达的信息相符。记得要偶尔直视斯科特的眼睛，说话时保持微笑。

使用相似性和吸引力。着装风格跟斯科特相似。要尽你所能地展现出自己的吸引力。保证你的发型好看、皮肤护理做得很好，衣服熨烫得平平整整，鞋子干净，等等。

模仿身体动作和姿势。看看你能否模仿斯科特一些身体姿势和动作，这将有助于建立融洽的关系。

提到他人的名字。虽然不加选择地过多提及别人的名字，可能叫人觉得很烦，但如果你能提到一些自己效力过，而且斯科特也知道的公司的名字，这会对你大有帮助。

从相识的人那里获得推荐或引荐。比提及名字更好的做法是社会认可。找斯科特认识的人（不管是否来自他的公司）给你引荐。最好在你们见面之前，让他（她）打电话或写信给斯科特。

让孩子们练习音乐

> 我们都听说过让孩子早点学习音乐的好处。我为孩子报名参加了钢琴课。她喜欢上课，但似乎对课后练习不感兴趣。我怎样才能让她多练习呢？

在我的孩子们的成长过程中，他们上了铃木音乐课（我女儿学钢琴，儿子学小提琴）。铃木音乐课的原则之一是学生需要每天练习。但你该怎样才能让孩子这么做呢？可以运用的动力很多，包括“故事的力量”、“胡萝卜加大棒”、“习惯”、“归属需求”和“掌控欲”。

胡萝卜加大棒

我们想建立孩子每天练习音乐的习惯，但在此之前，我们还必须让孩子对演奏乐器发生兴趣。你兴许认为，通过奖励鼓励人们练习是一种有效的激励方式，没错，在最开始的时候的确如此。铃木的老师和我，在孩子们很小的时候（3 岁）就使用“胡萝卜加大棒”的方法。通过巧克力豆、彩色贴条和表扬，我们让孩子对练习产生兴趣。但这些策略，很快会由更强大的策略所取代。研究告诉过我们使用外在奖励的不利方面，如果我们光是使用“胡萝卜加大棒”的策略，孩子们最终可能会放弃练习。

习惯

为了让孩子们练习，我们可以采用的一种最佳做法是让它变成一种每日习惯。起初，我们并不每天都练。我们每个星期练几次。但这就意味着每一天，都有人要决定今天是否练习。等我们的孩子决定试试自己能连续多少天不错过一次练习时，事情变得容易多了。换句话说，没人再需要判断今天是否练习了。今天和其他所有的日子一样。所以，他们今天当然要练习——因为他们每天都练习。

人人都有自己的生活习惯，孩子也不例外。我的孩子放学或者打完篮球回家之后，会吃些零食，然后练习乐器。练习时间成了另一项日常活动，就跟穿衣服和刷牙一样。晚饭前练习音乐成了习惯。一项活动“每天做”而不是“隔几天做一次”，其实做起来反而更容易，更顺畅。

故事的力量

我用故事提示来展开故事（“既然你是个钢琴手……”），孩子们很快就围绕“乐手”建立起了自我人格面具。他们不需要做故事编辑，因为他们是围绕故事长大的（“我是个乐手，我是个练习音乐的人”）。所以，这成了他们自我人格面具和自我故事的一部分。这是用小孩子尝试的优势之一——他们会把自己的活动融入自我人格面具当中。在采用故事编辑这类策略时，我们试图改变的往往就是这种自我人格面具。在本例中，我们从早期就设定了一个积极有益的故事，将来说不定也不需要改变。

归属需求

我的孩子们参加了铃木音乐课程。这是一套世界性的音乐教学体系。铃木的教师会接受特殊培训。他们要获得认证才能成为铃木导师，并参加铃木在世界各地举办的特别研讨会。在我们本地的音乐学校，也就是我的孩子们上课的地方，要举办一年一度的音乐会。我的孩子每年夏天都要去一所大学上为期一周的铃木辅导课。你不光参加了音乐课程，还成为铃木家族的一员。这也就是说，孩子们感觉跟铃木的其他学员有联系。

正是在本地的铃木年度音乐会上，我的孩子第一次了解到有个每天练习俱乐部。一些学生以坚持 30 天、60 天、90 天、365 天甚至更长时间的每天练习，获得认可。这就是一种社会认可。“这些孩子都在这么做，或许我也应该试试看?”

我们运用归属需求的另一种方法是多使用名词而非动词。我们不说，“我的女儿弹钢琴”，而是说，“我的女儿是个钢琴手”。这意味着她属于一个（演奏钢琴的）群体。

掌控欲

我相信，每天练习的最重要动力是掌控。学习一种乐器就是要掌握一整套不断变得越来越难的身体、心理、音乐方面的技能和知识。听年龄较大的学生演奏，以及听我们在铃木课程中所使用的音乐录音，孩子们总能听出自己渴望前往的方向。他们将掌握一项技能——例如，演奏小提琴时正确地扣腕，或是在弹奏钢琴曲时踩下踏板——接着为下一项做好准备。掌握和提高技能本身就是一种奖励，能让学生保持动力。

学习小提琴或钢琴具有挑战性，但并非不可能做到，持续的挑战让学生保持动力。这就像是在游戏里努力打进下一关卡一样。

学生们在上音乐课时会得到很多反馈，这些反馈会激发他们掌握音乐的欲望。因为学生能在每天练习时看到并感觉到自己的掌控进度，这使得他们坚持练习。

让顾客成为宣传员

我知道，让客户对我们公司及其产品和服务赞不绝口是发展业务的最佳途径之一，但我们怎样才能让客户这么做呢？

我们假设，你已经有了一种很棒的产品或服务，你想要的是让心满意足的现有客户采取下一步行动，自愿为你宣传。让我们来看看，什么能把心满意足的客户变成义务宣传员。

• 他们认为自己是热爱你产品群体中的一员（“我是苹果人”，我是“百事人”）。

• 他们想要显得聪明，了解所在领域（“我是时尚先锋”，“我对新技术很敏感”）。

• 他们感觉你的产品或服务对所在群体里的其他人有用、有帮助或令人愉快。

最适合的动力是“胡萝卜加大棒”、“故事的力量”和“归属需求”。

胡萝卜加大棒

比给予实际奖励更重要的是，你为客户制定了某种忠诚度计划。你大概不必真的使用“胡萝卜加大棒”，但奖励客户的忠诚绝不会有害处。比奖励更重要的是，他们成为“常旅客”类的会员，加入了你的“俱乐部”，进而表明他们是你的常客。

归属需求

如果你让客户产生自己属于群体（一群热爱你提供的产品或服务的人）一员的感觉，让他们产生归属于这一群体的渴望也就很容易了。

使用社会认可。如果你的客户知道还有很多人也是你公司及产品或服务的爱好者，他们会更有可能成为你的义务宣传员。

为义务宣传员提供平台，让其他客户听到他们的声音。一旦出现有着强烈情感的内容和好故事，事情会像病毒一般流传开来。如果你有一些热情的客户愿意向公司讲出他们的故事，这个故事会更容易传播。有了若干义务宣传员之后，他们会鼓励其他人义务为你做宣传。

使用互惠。给你的客户一些小的福利和礼物，他们会回报你的好意（告诉别人你有多棒）。

使用名词。用名词而不是动词来指代你的客户，这样他们会得到鼓励去采用相同的做法，说“你是百事的爱好者”，而非“你喝百事”。名词有助于培养群体中一员的感觉。

故事的力量

鼓励你的客户做出公开承诺。如果有人对你的产品或服务发表积极的评论，他基本上就是公开做出了承诺。公开承诺会让人们更有可能成为义务宣传员。

分享别人的故事。如果你的客户读到其他客户成为义务宣传员的故事，会受到鼓励，从满意的客户一跃成为义务宣传员。

让人们去投票

怎样让人们去投票呢：不是要投给具体的某位候选人，就只是去投票站真正投票？

最好的动力是“心智技巧”、“归属需求”和“故事的力量”。

心智技巧

让人们问自己“我会去……吗”的问题。试试看，你能不能让人们对自己说，或是写下来：“我会成为本次选举中的选民吗?”问自己“我会去……吗”这类问题的人，更有可能采取行动。

归属需求

使用名词。当你和民众说话时，使用“我是选民”或“你是选民吗”这样的措辞，不要使用动词（“我会投票”或者“你会去投票吗?”)。使用名词暗示归属群体（选民），提高了人们去投票的概率。

使用社会认可。提供其他人投票的信息。让人们知道还有多少其他的人去投票，比如“在像这样的选举中，超过70%的合格选民会投票。”

使用相似性和吸引力。展示其他有吸引力（或跟你希望说服去投票的人类似）的人投票的照片。

让熟悉的人去提问。如果有熟悉的人鼓励，人们有更大可能去投票。

故事的力量

将投票与现有人格面具挂钩。假设你有一群关注某个特定问题（如环境）的人。在即将到来的选举中，把投票和关心环境联系起来。讲述一个故事，并以“如果你关心环境，当然就应该做一个选民”为逻辑结论。

先获得较小的承诺。如果你尝试施加影响的人现在还不是选民，也不认为自己是选民，看看你能否让他们先为之采取一些小的行动。例如，让他们（尽可能公开地）表明自己对即将到来的选举感兴趣，或喜欢某个特定的候选人。采取这个小行动，将对他们的自我人格面具产生轻微的改变。他们不再说“我是一个对政治不感兴趣的人”，而是会接受新的人格面具：“我是个关注即将到来的选举的人。”一旦他们迈出了这一步，这就是朝着实际去投票迈出了一小步，因为投票本身跟新的人格面具相一致。

让人们做出公开承诺。例如，问他们自己的投票站在哪里。说出“我在附近的学校投票”或者“我在第三大道的市政办公室投票”，当事人会更有可能去投票。

让人们在公开承诺的基础上做更进一步的举动。请他们写下某件关于投票的事情。可以是“我 11 月 3 日去投票”，或者“我 11 月 3 日那天会到第三大道的市政办公室去投票”，甚至“我是选民”也可以。如有可能，请他们把这句话写下来，而不是打印出来。用手写下某件事，会改变它在大脑中的存储位置和方式，让它更有可能真的发生。

让人们采取更健康的生活方式

> 我很担心我妈妈伊丽莎白。她一直是个相当健康的人，但现在她年纪大了，我注意到她不再吃健康食品，也停止了锻炼。我怎样才能帮她采取更健康的生活方式呢？

你可以借助很多种动力，让人考虑并采取更健康的生活方式，其中包括“习惯”、“思维方式”、“胡萝卜加大棒”、“本能”、“归属需求”和“故事的力量”。

习惯

帮助伊丽莎白建立跟旧习惯挂钩的新习惯。由于我们每天做的很多事情都是习惯性的，你可以观察伊丽莎白现有的习惯，并将更健康的新习惯跟现有的习惯挂钩，帮助她吃得更健康，做更多的锻炼。不要光注意她不健康的习惯。相反，要观察那些中立的习惯（去商店，喂狗），并将健康的新习惯与之挂钩。例如，每当她要喂狗时，她就可以准备出门散步，等狗吃完东西，她们可以一起散步 20 分钟；每当她准备去杂货店买东西时，她就可以列出一张健康食品的清单，加入自己的购物单。

心智技巧

先跟伊丽莎白聊一些她本就知道也认同的事情。你会希望回避任何确认偏误（也就是我们只注意那些与自己本就相信的事情吻合的东西），不让她转入戒备、自我辩解的心态。一开始先跟她说些她知道而且认同的事情。我没法告诉你这些事具体是什么，因为我不像你那么了解她。如果你知道她认为健康很重要而且也认同这一点，那就从这里开始。如果她知道自己最近的生活方式有待改进，从这类开始也不错。总之，从她本就知道也认同的事情开始，你才能接下去讨论她有可能不认同的事情。

等你从伊丽莎白知道也认同的事情开始聊得越来越深入，你就可以引入认知失调了。你可以从一些健康方面的统计数据着手：跟运动较多的同龄人比起来，中年以上不运动的女性（每星期运动不到一小时）死于心血管疾病的风险是前者的两倍。伊丽莎白想要健康长寿，但现在她必须面对的事实是：她所处的群体有着两倍高的风险。这会造成认知失调，让她感到不舒服。

提供一种简单的解决办法来消除认知失调。在认知失调的关头你提供一种答案或解决办法，消除失调，她会更有可能采取行动。例如，你可以说，“从现在开始，我们每星期一起去 3 次健身房怎么样?”

本能

激发对损失的恐惧，激励伊丽莎白采取行动。如果她害怕失去自己的健康、寿命或行动力，你可以用这些想法来促使她采取行动。

提出数量有限的选择。不要告诉她 10 件可以有所改变的事情，这会把她累垮。太多的选择会让她根本不做选择。相反，给她少量的建议（不要超过 3 或 4 条），让她知道有哪些地方可以采取不同做法。

胡萝卜加大棒。对你想鼓励的行为给予奖励。想一想有哪些事情可以充当你妈妈的激励因素，并能在她做了某件有助于健康生活方式的事情之后加以应用。例如，假设能和你多待在一起，对她来说是一种奖励。如果她和你一起去了健身房，锻炼完之后立刻带她去喝杯咖啡，聊聊天。

归属需求

使用社会认可。如果你知道伊丽莎白的某个朋友或她羡慕的名人过着健康的生活方式，多向她提起这些人。

把她和其他活跃的人联系起来。如果她认为自己是群体的一员，她更有可能继续参加活动。

用名词代替动词，让她觉得自己是健康生活方式群体的一分子。例如，试着说“看到你成了个游泳健将，这真是太棒了”，而不是“看到你游泳真是太棒了”。

故事的力量

分享其他拥有健康生活方式的人的故事。当伊丽莎白听到其他人正在模仿你期待她做到的行为，她兴许会为自己创造一个新的故事。

如果她的自我人格面具跟健康的生活方式相契合，那就让她做一件与这一自我形象匹配的事情：“我知道你喜欢保持活跃。我想，兴许你乐意星期天跟我一起去骑自行车。”

如果她目前的自我人格面具与健康的生活方式不一致，让她做一些与当前生活方式不一致的非常小的事情，例如，“我们今天一起去散会儿步吧。”一旦她采取了与当前自我人格面具不一致的行动，她会更容易着手建立与新活动相符合的新人格面具。

让员工使用核对表

> 我在一家举办研讨会和工作坊的公司工作。我们在寄送课程资料时出现了很多失误。导师到达客户现场进行教学时，经常碰到打开资料盒才发现缺了资料的情况。有时候是没有足够的学生手册，有时候是弄丢了资料的标签。我希望职员在装好箱子之前填写一份核对表。怎样才能让在这个部门工作的人使用核对表呢？

最适合调动员工使用核对表的动力是“习惯”、“心智技巧”、

“归属需求”和“故事的力量”。

习惯

将使用核对表跟现有的习惯挂钩。分析员工当前的习惯。有哪些事情他们会不假思索地做？从现有的习惯里找一种，并让他们在做这件事之前或之后填写核对表。比方说，每当他们为新一轮的研讨班打包资料的时候，都会为资料盒的目的地填写一份运送表。把填写核对表的新习惯，挂靠到这个习惯上。

心智技巧

使用重型夹纸板。你可以用一些沉重的东西来触发具身认知。如果你把核对表夹到重型夹纸板上，它会变得更有分量，故此也会在员工心里显得更加重要。

归属需求

把使用核对表作为团队活动。如果员工觉得这是为了团队而不是为了个人，那么他们使用的概率更大。如有可能，要报告整个团队使用核对表的统计数据。

使用大脑同步。要当面介绍核对表（至少也要用电话来介绍）。不要仅仅使用书面沟通。你希望受众的大脑跟介绍核对表的人同步。

使用模仿。如果你希望员工使用核对表，自己一定要用，因为员工会模仿你。

使用激情。如果一件事以令人兴奋的方式呈现出来，人们会有更大可能去做。你兴许并不觉得使用核对表有什么叫人兴奋的地方，但如果它能减少50%的失误，那么，你兴许能找到一位导师，用充满激情的方式去介绍它。

使用社会认可。如果你知道其他公司、部门或个人使用相同或类似的核对表，请谈到他们。更好的做法是，让一个或几个这样的人向你的团队介绍核对表给自己带去了怎样的帮助。

故事的力量

将核对表与现有的自我人格面具绑定起来。如果你团队里的人认为自己是谨慎、有责任心的人，请把这一点跟核对表绑定起来："我知道你是个谨慎的人，这份核对表能帮助你做事谨慎。"

如果他们没有适合跟核对表挂钩的自我人格面具，你需要改变他们的人格面具。让他们做一件比使用核对表更小的事情，一件有助于让他们自认为行为谨慎的事情。例如，在推出完整的核对表之前，让他们做一件核对表上有的活动（"清点手册的数目，确保跟出席的学生人数相同，再把手册装箱"）。

让他们逐项清点核对表上的每一个项目，在表格上签名，完成后装入发货箱。让员工手写并签名，能提高承诺感。

让人们回收利用

我在市政府工作。我们怎样才能让人们更多地回收垃圾，而不是把东西扔进垃圾箱?

最适合促使人们多回收垃圾的动力是“心智技巧”、“习惯”、“归属需求”和“故事的力量”。

心智技巧

如果你想让人们在即将扔掉某样东西的时候做一个快速决定，你需要调动系统1思考。让事情简单轻松。使用有着不同的大小、形状和颜色的特殊回收箱。使用易于阅读的大字体来表明哪种箱子是干什么的。

如果你想要说服目前不回收垃圾、完全不打算改变自己行为的人，你要先说一些他们本就认同的事情。例如，告诉他们，“乱倒垃圾绝对不是什么有意思的活动!”接着再介绍回收利用的概念。

引入认知失调。展示一幅巨大的垃圾填埋场的照片，或是给出一些关于垃圾的统计数据。然后，为他们提供一种简单的解决办法（回收）。

让他们问自己一个“我会……吗”的问题。例如，“我今年会回收吗?”

使用一个暗示他们有能力采取行动的比喻。例如，“我们用自己的垃圾堵塞了社区，大家能用回收来清理它吗?”

习惯

鼓励人们分析自己扔东西的习惯，并找出新的锚点。例如，如果他们每次购买垃圾袋时都购买特殊的回收袋，那会带来什么样的结果呢？又或者，他们可以把每天放邮件的篮子，放到一个靠近废纸回收箱的地方。

归属需求

让人们感到连接。唤起邻里乡亲的感觉（一个城区、整个城镇、一座城市，或是整个国家），让他们感觉自己团结一致。例如，使用“减少进入填埋场的垃圾，对整个群体有什么影响”的相关信息。

利用他人观点的力量。假设已经有相当数量或比例的人在回收垃圾，把这个消息告诉所有人：“我们城市有65%的人定期回收垃圾。”

如有可能，采用第二章“归属需求”中介绍的能源公司（Allcott）的做法。向人们发送信息，比较邻里之间的回收行为。

故事的力量

将回收行为与当前的自我人格面具绑定起来。例如，关心社区的人也关心回收利用。

对那些没有适合跟回收利用挂钩的自我人格面具的人，请他们先做一件小事。与其期待他们完全接受回收利用，不如请他们在车上贴一张相关的贴纸，或是在背包上别一个相关的徽章。之后再回来请他们承诺对垃圾回收利用。

请人们做出公开承诺。例如，让他们在一份同意在社区内回收利用垃圾的名单上签名。

让客户积极参与

> 在我的公司，我们相信，让客户积极参与是保持其对我公司品牌忠诚度的关键。我的工作是努力让人们参与我们公司的活动。我们希望人们提供反馈、参与论坛，等等。我们也寻求反馈，但所得不多。该怎样让人们更积极地参与进来呢？

最适合用于此种情况的动力是“胡萝卜加大棒”、“归属需求”、“故事的力量”和“掌控欲”。

胡萝卜加大棒

对参与的人加以奖励。弄清可以借助什么东西对客户进行强化，并在其积极参与时给予奖励。最显而易见的设想是向他们提供你公司的产品和服务优惠券，但除此之外，还有其他的奖励。可以试试在客户网络名称或照片旁边加徽章的形式，认可那些提供了最有用反馈的客户。认可是一种强大的激励因素。还可以为这类客户提供更多的技术支持，或是邀请他们每月跟公司首席执行官通电话。

归属需求

为提供反馈的客户建立社群。与其让客户完成调查表，鼓励他们发表评论，不如建立一个客户反馈群体。考虑让这个群体成为“精英”。比如，在邀请他们进入特别客户参与群体之前，要求他们做某件事情（购买产品或服务，参与论坛）。

允许群体成员相互沟通，而不是仅仅跟公司沟通。当人们觉得自己真正是群体一员之后，会更多地参与。

使用互惠。给别人一些东西，再请他们给你反馈，填写问卷，或执行其他一些行动。如果给你反馈或参与活动有助于他们减轻对你的亏欠感，人们这么做的可能性就会更大。

故事的力量

鼓励人们用故事来给你反馈。给他们看别人的故事，也鼓励他们写出自己的故事。

把参与跟现有的人格面具绑定起来。例如，“你是一个喜欢助人为乐的人，请考虑加入我们的论坛。你的反馈将帮助其他人了解我们的产品是否适合自己。”

鼓励人们做出公开承诺；不允许匿名参与。一旦人做出公开的回应，就会更有可能再次这么做。

掌控欲

把传授技巧作为提供反馈的一部分。他们希望了解焦点小组怎样运作吗？他们希望学习怎样参加市场调研吗？这些有可能是他们可以运用到其他地方的技能。

对人们所提供的反馈给予反馈。告诉他们怎样才能提供比现在更有价值的反馈。教他们怎样成为积极的参与者。

提供更多参与反馈的机会。你兴许认为简短轻松的调查是获得反馈的最佳方式，没错，如果你想从尽可能多的人那里获得反馈，情况的确是这样。但如果你希望从少数人那里获得更深入的参与，那就要考虑让反馈过程变得更具挑战性。我不是在提议你设计一套难以填写的问卷，而是请你考虑做除了调研之外其他的事情。比如邀请人们参加你的测试小组，或是参加一对一的用户测试环节。人们喜欢挑战。

让跟你意见相左的人看到事情的另一面

假设你在一家制造工业设备的公司开始从事一份新工作。你希望公司实现更多的自动化生产。你认为这是标准的最佳实践，却惊讶地发现公司里有人强烈反对你的设想。你试图和他们探讨自动化生产的好处，但他们不听你的。你怎样才能让人们考虑争论的另一面呢？或者说，怎样才能让人理解，虽然你有不同的意见，但你不是个白痴。

最适合让人们理解另一种观点的动力是“本能”、“归属需求”、“心智技巧”和“故事的力量”。

本能

我们经常因为害怕而做出反应。很有可能，在无意识中，你的观点或看法让别人感到恐惧。你或许并未意识到有些人害怕你的想法。

你认为进行自动化生产，几乎没有什么负面作用，而且，正面作用还远远大于负面作用。他们认为，你想要只手遮天，推行最终有可能害得人丢掉饭碗（甚至他们自己的饭碗）的新设想。

当你碰到人们对某件事产生强烈的抵触情绪时，看看双方观点的不同之处，想一想你所说的事情是否会使得人们担心有所损失。如果是这样的话，把它记下来，因为你将在下一种动力——“心智技巧”里用到它。

心智技巧

从大家都认同的事情开始。如果人们的抗拒心理强烈到甚至不愿听你的观点，他们兴许会立刻用系统 1 思考，用确认偏误做出反应。他们过滤了你所说的话，因为它不符合他们的信念。

不要太过强烈地推动你的设想，而是谈一些你知道他们本来就相信、双方能够达成一致意见的事情。例如，假设跟你对话的群体反对自动化生产，但人人都同意更快地完成客户订单是件好事。那么，退后一步，不要从一开始就谈自动化生产，而是从每个人都认同的事情开始。

更好的办法是，利用你所找到的人们害怕的东西。如果人们害怕失去工作，那么，从探讨为大家保留良好就业岗位的重要性着手。从人们认同的事情开始，从人们害怕的事情开始，人们才能不加过滤地听你说话。

利用认知失调让人们感到不舒服。一旦人们开始听你说话，你就引入一个设想、一个事实、一些数据，或某个统计数字来产生认知失调。例如，“你们知道自动化生产创造的就业岗位比它消灭的多吗?”等你确立起认知失调，系统1思考就会停下来，由系统2（逻辑分析思考）取而代之。到了这时候，人们的无意识过滤就变少了，你的新想法才能够向前推进。

归属需求

找大家认识的人来谈话。如果你刚到公司，那你或许并不是最适合做这番谈话的人。人们会听自己认识的人说话，也更容易被他说服。

跟大家尽量相似。你的外表和行为跟他们越是相像，你跟他们就越是类似。你们越是类似，他们就越可能听你说话。

使用互惠。如果你为某人做了某件事，对方会产生亏欠感。如果他听你说几分钟话能减轻亏欠感，他会这么做的。所以，在你做游说之前，向那些你希望他们听你说的人做点什么事情。就连带些零食发给大家这种简单的行为也能带来明显不同。你给了人们一些东西（零食），现在他们需要还给你一些东西（听你的想法）。

故事的力量

使用故事。如果你希望人们听取你的想法，就必须让他们感同身受。而让他们感同身受的最好办法，就是讲故事。就算你要分享或报告的是事实和数据，也要把它们放在一个或者若干个故事里头讲述。例如，“你们都熟悉巴尔的摩的XYZ工厂，对吧?我上个月刚和那家工厂的经理谈过。他告诉我……”

把你的想法和人们现有的自我人格面具绑定起来。例如，“你是一个喜欢尽其所能提高效率的人……”

要求一个小承诺。在你要求大家支持一个大型自动化项目之前，试着让他们投入到一个小规模的研究项目里：“我知道你们有很多问题尚未解决，所以，我不是为了要请你们答应推进大型自动化项目。你们愿意和我一起去参观萨凡纳的工厂吗？他们正在做一些自动化的流程，我想我们可以跟他们谈谈，看看他们有什么体验。”等大家答应去参观，也就是对自动化的设想做了一个小的承诺时，便会建立起新的自我人格面具：“我是个对自动化有些感兴趣的人。”

第十章 策略清单

归属需求

策略 1：让人们感觉自己跟他人存在联系，这样，他们会更加努力工作。

策略 2：当你提出某个请求时，用名词而不是动词来唤起群体认同。

策略 3：要想让人们去做某件事，不妨让他们知道已经有别的人在这么做了。

策略 4：由什么人提出请求是个关键。如果提出请求的是朋友、某个富有魅力的人，或某个跟被请求者相似的人，效果最好。

策略 5：在尝试让别人做事之前，先替对方做某事，好让他感到有必要报答你。

策略 6：先提出比你真正想要的更大的要求。等遭到拒绝后，再提出你真正的要求。

策略 7：要让人们做某件事，先保证自己正在做（因为他们会模仿你）。

策略 8：建立融洽关系，模仿他人的身体姿势和手势。这使你和他人建立了联系，使他们更有可能按你的请求做事。

策略 9：要让人们去做某事，你自己必须对这件事表现出热情来。

策略 10：要让某事疯狂传播，可使用强烈的情绪性内容、激情，以及一个能传达理念或行动呼吁的好故事。

策略 11：要让人们做事，首先要用笑或者某种同步行为将他们凝聚成一个群体。

策略 12：要让人们信任你，先向他们展示你对他们的信任。如果他们信任你，就更有可能做你希望他们做的事。

策略 13：为了让人们做事，你需要直接跟他们的大脑进行同步沟通。他们需要听到你的声音。

策略 14：如果要使用竞争方式来激发人，只使用少量竞争者。

策略 15：不要使用男女混合的竞争。

策略 16：当人们把你视为领导者，他们便更有可能做你希望他们做的事。而要成为他人眼里的领导者，要被视为领导者，你必须通过身体的姿势和体态来表现出自信。

策略 17：为了具备说服力，你的手势必须跟自己所说的内容相匹配。

策略 18：当你直视对方且面带微笑时，你会更具说服力。

策略 19：为激发他人做事，要精力充沛、热情洋溢地进行沟通。

策略 20：为了让人们做事，你要么利用相似性穿得让他们喜欢你，要么就利用权威感穿得比他们高档。

策略 21：率先发言，你就会被视为领导者。如果你是领导者，就更容易让人去做事。

习惯

策略 22：为了让人长时间地自动做某事，你可以让他们养成一个新习惯，或改变一个现有的习惯。

策略 23：要让人建立新习惯，必须弄清提示和奖励。

策略 24：为了鼓励一种习惯的养成，把想要的行为分成小步骤。

策略 25：为了让人们开始建立一种新习惯，要把它变得尽可能简单，当事人除了需要决定开始例行程序，无须做任何决定。所有其他步骤都应当尽量自动执行。

策略 26：为了让人们坚持新习惯，向其展示成果和进步。习惯的建立，需要对当前发生的一切给予大量反馈。

策略 27：要建立一个新习惯，把它跟一个现有的习惯锚定起来。

策略 28：如果你想让人们做一件相对较小的事情，而且希望他们无意识、自动地去做，你应该借助建立新习惯这种方法。

故事的力量

策略29：如果你用故事的形式来传递你的支持性信息和数据，人们更有可能按你的要求去做。

策略30：如果你能让人们改变自己的人格面具故事，他们就会改变行为。

策略31：在要求别人做某事之前，激活一种跟你想要他们所做之事有关系的人格面具。

策略32：当你为现有的人格面具撕开一道裂缝，你就可以随着时间的推移改变该人格面具。

策略33：要让人们做某件事，可以使用现有人格面具作为锚点来创建相关的新人格面具。

策略34：要改变人格面具，就要让人去做一件与其现有人格面具不一致的小行动。

策略35：如果你能让人做出公开承诺，让他们做事也就更容易了。

策略36：不要花钱购买承诺。

策略37：人们用手写下自己的承诺，会带来更强的承诺感。

策略38：让人们接触其他人的故事，鼓励他们为自己创造出新故事。

胡萝卜加大棒

策略 39：一旦人们经过条件反射的训练，习惯了做某事，你可以把一种新的刺激跟你想要的行为配对，让人们自动做出回应。

策略 40：仅仅给予奖励还不够，如果你想有效使用奖励让人们去做事，必须判断该使用哪一类型的方案。

策略 41：如果你在尝试建立一种新行为，你可以在每当当事人做出该行为时就给予奖励（连续强化方案）。

策略 42：一旦行为通过连续强化方案得以建立，就改用不同的奖励方案来保持该行为。

策略 43：如果你希望一种行为能坚持下去，那就根据可变比率方案来给予奖励。

策略 44：如果你并不需要大量的某种行为，只想要看到该行为稳定而有规律地出现，可使用可变间隔方案。

策略 45：使用固定比率方案，你能让行为高频率出现，但给予奖励之后，它会戛然而止。

策略 46：如果使用固定比率方案，向人们展示离完成目标还剩下多少工作（而不是已经做完了多少工作），人们的动力会更强。

策略 47：不要根据固定间隔方案给予奖励。较之其他方案，这种强化方案的效果不太好。

策略 48：如果你要奖励一种还不存在的行为，不妨用塑造来启动该行为。

策略 49：选择当事人真正想要的奖励。否则，奖励无法发挥作用。

策略 50：当你提供奖励时，要在行为发生后立刻（按你所采用的方案）给予。

策略 51：当你提供奖励时，要在行为发生后给予，而不是行为发生前给予。

策略 52：你可以使用负强化来让人们做事。弄清别人不想要的东西，把取消它作为一种“奖励”。

策略 53：奖励你想要的行为，忽视你不想要的行为。惩罚不如奖励有效。

本能

策略 54：为了获取关注，使用包含了危险事件的信息和照片。

策略 55：为了让人们记得你、记得你的品牌或信息，使用能激发恐惧的图片或措辞。

策略 56：为了让人们直接采取行动，使用有关恐惧和死亡的信息。

策略 57：要理解，“可能遭受损失”比“可能获得收益”更容易激发人们采取行动。

策略 58：不要太相信人们对“为什么会更喜欢某个选择”的自我报告。

策略 59：如果你想让人们对某样东西产生渴望，让他们先试试看。一旦他们尝试过，就不想再失去它了。

策略 60：如果你希望人们重视你的产品或服务，就要让它变得稀缺或难以获得。

策略 61：如果你想让人们尝试新事物，就要在他们心情好的时候调动他们，或是通过播放有趣或搞笑的视频，帮助他们进入好的情绪状态。

策略 62：当你想让人们尝试新事物时，一定要保证他们感到安全和舒适。

策略 63：如果你想让人固守熟悉的东西，就别让他们心情舒畅。

策略 64：如果你想要人们固守通常的选择，不去尝试新事物，那就借助会唤起损失恐惧的信息。

策略 65：你给了人们选择，就给了他们控制——而人们喜欢控制。

策略 66：将选择的数量限制在 3 到 4 种。如果你提供太多的选择，人们就会彻底放弃选择。

策略 67：如果你想让人们参与，就一定要让他们感到安全。

策略 68：借助新奇吸引注意力。等获得了人们的关注，再把你的信息传送给他们。

策略 69：给人们有限的信息，好让他们不断渴望更多。

策略 70：如果你希望获得专一的关注，就让刺激不可预测，并配合听觉或视觉提示。

策略71：要抓住注意力，请使用真正的食物，食物的味道，或是食物的图片。

策略72：为了吸引注意力并影响决策，使用有关性的任何暗示（只要用得恰如其分即可）。

掌控欲

策略73：如果你想让人们做一些复杂的事情，比如需要学习新技能或获得新知识体系，那么可利用掌控欲。如果不是，强化或许是更好的选择。

策略74：如果你想让人们长期做某件事，调动他们的掌控欲——不要光是给他们钱或者其他奖励。

策略75：如果你让人们感觉只有精英群体的成员才能从事某项任务，那么他们会有更强的动力去掌握该任务。

策略76：如果你让一项任务看起来具有挑战性（但不是不可能完成），那么人们会有动力去完成它。

策略77：如果你为人们提供自主性，那么他们会产生更强烈的掌控欲，从而更有动力。

策略78：如果你让人们挣扎奋斗，哪怕只是一点点，也能提升他们的掌控欲，进而增强他们的动力。

策略79：给人们犯错的机会。

策略80：提供反馈，帮助人们从错误中学习，但不要为了提供反馈而打断他们的工作。

策略 81：给出反馈时，要进行简短的说明。

策略 82：选择合适的时间给出反馈。

策略 83：当你用反馈来增强掌控欲时，要让反馈保持客观，无须加入表扬。

策略 84：如果你激发人们进入心流状态，他们会工作更长时间，而且干得更努力。

策略 85：为保持心流状态，让人们在活动中自己控制行为。

策略 86：为保持心流状态，不要打断别人。

策略 87：为保持心流状态，要保证任务具有足够的挑战性，但并非不可能完成。

心智技巧

策略 88：如果你希望人们迅速做出决定，就要让他们的思考变得容易。

策略 89：如果你希望人们把事情想清楚，就要让他们的思考变得更难。

策略 90：如果你想让人们快速反应，那就提一个不需要思考的简单请求。

策略 91：如果你使用简单连贯的故事，人们更有可能做出决定或采取行动。

策略 92：如果你希望人们独立行事，不妨故意提到金钱。

策略 93：如果你希望人们与他人合作或帮助他人，那么不要提及金钱。

策略 94：如果你想要人们服从权威，那么使用死亡信息。

策略 95：如果你想要人们遵循自己认同的群体的社会规范，那么使用死亡信息。

策略 96：如果你想要人们对社区内的人行善，那么使用死亡信息。

策略 97：如果你想要人们对社区外的人表示同情或慈悲，那么避免提及死亡信息。

策略 98：如果你想让人们接受一个高数字，那么使用高数字锚点。

策略 99：如果你想让人们接受一个低数字，那么使用低数字锚点。

策略 100：如果你想影响人们对价格的感知及数值估算，那么可以使用任意数字作为锚点。

策略 101：如果你想让人们选择高档产品或服务，就要先列出档次最高的服务和最高的价格。

策略 102：如果你想让人们的出价接近你最初的锚定价格，那就使用非常具体的锚点。

策略 103：如果你想让人们考虑跟你最初锚定价格不同的价格，那就使用不那么具体的锚点。

策略 104：如果你希望人们以积极的方式看待一种产品或想法，先让他们熟悉这一产品或想法。

策略 105：如果你想要人们认为你提供的东西良好而真实，

保持信息简单，并让人们接触 5 到 7 次。

策略 106：如果你希望人们认为类似的事件可能会再次发生，那么要在事件第一次发生后立刻问他们。

策略 107：如果你希望人们低估事件再次发生的可能性，那么问他们一件最近不曾发生过的类似事件。

策略 108：如果你想让人们高估某件事再次发生的可能性，那么问他们一件最近发生过的类似事件。

策略 109：如果你想让人们对所读的内容做出快速反应，就要让它易于阅读。

策略 110：如果你想让人们在回应所读的内容之前多思考多分析，就要让它难以阅读。

策略 111：如果你想让人们不假思索地快速做出决定，就不要做任何出人意料的事情。

策略 112：如果你想让人们更审慎地思考，就做一些出人意料的事情。

策略 113：如果你试图打破确认偏误，就先告诉人们一些他们已经知道并且认同的事情。

策略 114：在试图打破确认偏误的时候，借助认知失调让人们暂时感觉不舒服。

策略 115：一旦你确立了认知失调，提供一种能缓解人们不适的答案或解决方案。你将成为英雄，因为你在解决问题的同时让他们感到舒服，故此，你有望打破认知偏误。

策略 116：利用模棱两可和不确定性，可促使人们采取行动。

策略 117：提供简单的解决方案，消除不确定性。

策略 118：为了让人们真正理解你所说的话，至少每 20 分钟休息一次。

策略 119：如果你想让别人觉得你很聪明或是想要表达一个观点的时候，那么使用一句押韵的引言。

策略 120：为了在听众中建立可信度，选择一个容易发音的产品或服务名称。

策略 121：如果你想让人们记住某事，就减少感官输入和他们所体验到的压力。

策略 122：如果你想让人们记住某事，就让他们多次接触信息，并让他们主动地重复信息。

策略 123：如果你想让人们记住某事，就把这件事放在活动的开头或结尾进行陈述，不要放在中间部分。

策略 124：如果你想让别人记住你说的话，就使用具体的词语而不是抽象的词语。

策略 125：为了让人们做事，要了解他们以及他们的心理图式，这样你才能调整策略，与他们看待世界的方式相适应。

策略 126：仔细检查你对心理图式的假设——我们容易认为自己的心理图式跟互动对象的是一样的，但实际上，双方的心理图式有可能不同。

策略 127：如果你能让人们问自己一个以“我会”打头的问题，你就有更大可能让他们按照该陈述采取行动。

策略 128：谨慎选择你用来向别人描述某一情境的比喻。这一比喻为问题搭建了框架，影响着解决方案和结果。

策略 129：为了让人们采取行动，要利用他们的冲动倾向。

策略 130：为了鼓励冲动行为，让你的要求具体、简单、快捷。

策略 131：如果你想要人们花更多的钱，首先请他们花更多的时间。

策略 132：向人们兜售体验。较之物品，人会在体验上花更多钱。

策略 133：接受人们至少有 1/3 的时间在走神的事实，运用本书中的策略来吸引他们的注意力。

策略 134：如果你想让人们解决问题，尤其是创造性地解决问题时，让他们停止思考。

策略 135：为了最大限度地提高解决问题的能力，增加松散的走神时间。

策略 136：如果你想减少人们的懊悔，那么给他们的选择要尽量少。

策略 137：如果你想要人们采取行动，那么要在他们感觉懊悔的时候调动他们。

策略 138：如果你希望人们进行流畅、灵活的互动，请使用柔软的物体和光滑的面料。

策略 139：如果你想让人们觉得你说的话很重要，请让他们手里拿些重物。

策略 140：如果你希望人们对你做出温暖的反应，请不要让他们手持冷饮，给他们一杯热乎乎的饮料。

参考文献

Aaker, Jennifer, Andy Smith, Dan Ariely, Chip Heath, and Carlye Adler. 2010. *The Dragonfly Effect: Quick, Effective, and Powerful Ways to Use Social Media to Drive Social Change*. San Francisco: Jossey-Bass.

Ackerman, Joshua M., Christopher Nocera, and John Bargh. 2010. "Incidental haptic sensations influence social judgments and decisions." *Science 328* (5986): 1712 - 1715. doi: 10. 1126/science. 1189993.

Allcott, H. 2011. "Social norms and energy conservation," *Journal of Public Economics*. doi: 10. 1016/j. jpubeco. 2011. 03. 003.

Anderson, Cameron, and Gavin Kilduff. 2009. "Why do dominant personalities attain influence in face-to-face groups? The competence-signaling effects of trait dominance." *Journal of Personality and Social Psychology 96* (2): 491 - 503.

Ariely, Dan. 2009. *Predictably Irrational: The Hidden Forces that Shape Our Decisions*. New York: HarperCollins.

Ariely, Dan, George Loewenstein, and Drazen Prelec. 2003. "Coherent arbitrariness: Stable demand curves without stable preferences." *Quarterly Journal of Economics 118* (1): 73 - 105.

Bechara, Antoine, H. Damasio, D. Tranel, and A. Damasio. 1997. "Deciding advantageously before knowing the advantageous strategy." *Science* 275(5304): 1293 - 1295. doi: 10. 1126/science. 275. 5304. 1293.

Berger, Jonah, and Katherine L. Milkman. 2012. "What makes online content viral?" *Journal of Marketing Research 49* (2), 192 - 205. doi: 10. 1509/jmr. 10. 0353.

Berridge, Kent, and T. Robinson. 1998. "What is the role of dopamine in reward: Hedonic impact, reward learning, or incentive salience?" *Brain Research Reviews* 28 (3): 309 - 369.

Bickman, L. 1974. "The social power of a uniform." *Journal of Applied Social Psychology* 4 (1): 47 - 61. doi: 10.1111/j.1559 - 1816.1974.tb02599.x.

Briñol, Pablo, R. E. Petty, and B. Wagner. 2009. "Body posture effects on self-evaluation: A self-validation approach." *European Journal of Social Psychology* 39 (6): 1053 - 1064. doi: 10.1002/ejsp.607.

Chaiken, Shelly. 1979. "Communicator physical attractiveness and persuasion." *Journal of Personality and Social Psychology* 37 (8): 1387 - 1397. doi: 10.1037/0022 - 3514.37.8.1387.

Chartrand, Tanya L., and John Bargh. 1999. "The chameleon effect: The perception-behavior link and social interaction." *Journal of Personality and Social Psychology* 76 (6): 893 - 910.

Christoff, Kalina, A. M. Gordon, J. Smallwood, R. Smith, and J. Schooler. 2009. "Experience sampling during fMRI reveals default network and executive system contributions to mind wandering." *Proceedings of the National Academy of the Sciences* 106 (21): 8719 - 8724.

Cialdini, Robert. 2006. *Influence: The Psychology of Persuasion*. New York: HarperCollins.

Cialdini, R. B., J. E. Vincent, S. K. Lewis, J. Catalan, D. Wheeler, and B. L. Darby. 1975. "A reciprocal concessions procedure for inducing compliance: The door-in-the-face technique." *Journal of Personality and Social Psychology* 31 (2), 206 - 215. doi: 10.1037/h0076284.

Csikszentmihalyi, Mihaly. 2008. *Flow: The Psychology of Optimal Experience*. New York: Harper.

Damasio, Antonio. 1994. *Descartes' Error: Emotion, Reason, and the Human Brain*. New York: Penguin.

Deutsch, Morton, and Harold B. Gerard. 1955. "A study of normative and informational social influences upon individual judgment. "*The Journal of Abnormal and Social Psychology* 51 (3):629 – 636. doi:10. 1037/h0046408.

De Vries, Marieke, R. Holland, and C. Witteman. 2008. "Fitting decisions: Mood and intuitive versus deliberative decision strategies. "*Cognition and Emotion* 22 (5): 931 – 943. doi:10. 1080/02699930701552580.

DiSalvo, David. 2011. *What Makes Your Brain Happy and Why You Should Do the Opposite*. Amherst, New York: Prometheus Books.

Duhigg, Charles. 2012. *The Power of Habit: Why We Do What We Do in Life and Business*. New York: Random House.

Efran, M. G. , and E. W. J Patterson. 1974. "Voters vote beautiful: The effect of physical appearance on a national election. "*Canadian Journal of Behavioural Science*, 6 (4): 352 – 356.

Frederick, Shane. 2005. "Cognitive reflection and decision making. "*Journal of Economic Perspectives* 19 (4):25 – 42. doi:10. 1257/089533005775196732.

Freedman, Jonathan L. , and Scott C. Fraser. 1966. "Compliance without pressure: The foot-in-the-door technique. "*Journal of Personality and Social Psychology*, 4 (2): 195 – 202.

Garcia, S. , and A. Tor. 2009. "The N-effect: More competitors, less competition. " *Psychological Science* 20 (7):871 – 877. doi:10. 1111/j. 1467 – 9280. 2009. 02385. x.

Gilbert, D. T. , C. K. Morewedge, J. L. Risen, and T. D. Wilson. 2004. "Looking forward to looking backward: The misprediction of regret. "*Psychological Science* 15 (5): 346 – 350.

Gilbert, D. T. , and J. E. J. Ebert. 2002. "Decisions and revisions: The affective forecasting of changeable outcomes. "*Journal of Personality and Social Psychology* 82 (4): 503 – 514.

Gneezy, Uri, Muriel Niederle, and Aldo Rustichini. 2003. "Performance in competitive environments: Gender differences." *Quarterly Journal of Economics 118* (3): 1049 - 1074. doi: 10. 1162/00335530360698496.

Gneezy, Uri, and Aldo Rustichini. 2000. "A fine is a price." *Journal of Legal Studies 29* (1), 1 - 17.

Goman, Carol Kinsey. 2011. *The Silent Language of Leaders: How Body Language Can Help—or Hurt—How You Lead*. San Francisco: Jossey-Bass.

Gunes, Hatice, and Massimo Piccardi. 2006. "Assessing facial beauty through proportion analysis by image processing and supervised learning." *International Journal of Human Computer Studies* 64 (12): 1184 - 1199.

Haidt, Jonathan, J. P. Seder, and S. Kesebir. 2008. "Hive psychology, happiness, and public policy." *Journal of Legal Studies 37* .

Hashmi, Shazia Iqbal, Chua Bee Seok, Murnizam Hj Halik, and Carmella E. Ading. 2012. "Mastery motivation and cognitive development among toddlers: A developmental perspective." http://www. ipedr. com/vol40/029 - ICPSB2012 - P10034. pdf.

Haslam, A. , and Stephen Reicher. 2012. "Contesting the 'nature' of conformity: What Milgram and Zimbardo's studies really show." *PLoS Biology 10* (11), art. no. e1001426.

Hatfield, E. , J. T. Cacioppo, and R. L. Rapson. 1993. "Emotional contagion." *Current Directions in Psychological Sciences 2* (3): 96 - 99.

Henrich, J. , R. Boyd, S. Bowles, C. Camerer, E. Fehr, H. Gintis, and R. McElreath. 2001. "Cooperation, reciprocity and punishment in fifteen small-scale societies." *American Economic Review 91* (2), 73 - 78.

Howell, Ryan, Paulina Pchelin, and Ravi Iyer. 2012. "The preference for experiences over possessions: Measurement and construct validation of the experiential buying tendency scale." *Journal of Positive Psychology 7* (1): 57 - 71.

Hsu, Ming. 2005. "Neural systems responding to degrees of uncertainty in human decisionmaking." *Science 310* (5754): 1680 - 1683. doi: 10. 1126/science. 1115327.

Hull, Clark L. 1934. "The rat's speed-of-locomotion gradient in the approach to food." *Journal of Comparative Psychology 17* (3): 393 – 422.

Iyengar, Sheena. 2010. *The Art of Choosing*. New York: Twelve.

Iyengar, Sheena, and M. R. Lepper. 2000. "When choice is demotivating: Can one desire too much of a good thing?" *Journal of Personality and Social Psychology 79* (6): 996 – 1006. doi: 10. 1037/0022 – 3514. 79. 6. 995.

Jonas, Eva, Jeff Schimel, Jeff Greenberg, and Tom Pyszczynski. 2002. "The Scrooge effect: Evidence that mortality salience increases prosocial attitudes and behavior." *Personality and Social Psychology Bulletin 28* (10): 1342 – 1353. doi: 10. 1177/014616702236834.

Jostmann, Nils, Daniël Lakens, and Thomas Schubert. 2009. "Weight as an embodiment of importance." *Psychological Science 20* (9), 1169 – 1174. doi: 10. 1111/j. 1467 – 9280. 2009. 02426. x.

Kahneman, Daniel. 2011. *Thinking, Fast and Slow*. New York: Farrar, Straus and Giroux.

Kivetz, Ran, O. Urminsky, and Y. Zheng. 2006. "The goal-gradient hypothesis resurrected: Purchase acceleration, illusionary goal progress, and customer retention." *Journal of Marketing Research 43* (1): 39 – 58. doi: 10. 1509/jmkr. 43. 1. 39.

Knutson, Brian, C. Adams, G. Fong, and D. Hommer, D. 2001. "Anticipation of increasing monetary reward selectively recruits nucleus accumbens." *Journal of Neuroscience* 21(16): RC159.

Koo, Minjung, and A. Fishbach. 2010. "Climbing the goal ladder: How upcoming actions increase level of aspiration." *Journal of Personality and Social Psychology 99* (1): 1 – 13. doi: 10. 1037/a0019443.

Krienen, Fenna M. , Pei-Chi Tu, and Randy L. Buckner. 2010. "Clan mentality: Evidence that the medial prefrontal cortex responds to close others." *Journal of Neuroscience 30* (41): 13906 – 13915. doi: 10. 1523/JNEUROSCI. 2180 – 10. 2010.

Lally, Phillippa, C. H. M. van Jaarsveld, H. W. W. Potts, and J. Wardle. 2010. "How are habits formed: Modelling habit formation in the real world. "*European Journal of Social Psychology*, 40(6): 998 - 1009. doi: 10. 1002/ejsp. 674.

Latané, Bibb, and J. Darley. 1970. *The Unresponsive Bystander*. Upper Saddle River, NJ: Prentice Hall.

Lefkowitz, M. , R. R. Blake, and J. S. Mouton. 1955. "Status factors in pedestrian violation of traffic signals. "*Journal of Abnormal and Social Psychology 51* (3): 704 - 706.

Lepper, Mark, David Greene, and Richard Nisbett. 1973. "Undermining children's intrinsic interest with extrinsic reward: A test of the 'overjustification' hypothesis. "*Journal of Personality and Social Psychology 28* (1): 129 - 137.

Mason, Malia, Michael Norton, John Van Horn, Daniel Wegner, Scott Grafton, and C. Neil Macrae. 2007. "Wandering minds: The default network and stimulus-independent thought. "*Science 315* (5810): 393 - 395. doi: 10. 1126/science. 1131295.

Meyer, D. E. , J. E. Evans, E. J. Lauber, J. Rubinstein, L. Gmeindl, L. Junck, and R. A. Koeppe. 1997. "Activation of brain mechanisms for executive mental processes in cognitive task switching. "*Journal of Cognitive Neuroscience*, vol. 9.

Milgram, Stanley. 1963. "Behavioral study of obedience. "*Journal of Abnormal and Social Psychology 67* (4): 371 - 378. doi: 10. 1037/h0040525.

Morgan, G. A. , R. J. Harmon, and C. A. Maslin-Cole. 1990. "Mastery motivation: Definition and measurement. "*Early Education and Development 1* (5): 318 - 339.

Pink, Daniel. (2009). *Drive: The Surprising Truth about What Motivates Us*. New York: Riverhead.

Provine, Robert. 2001. *Laughter: A Scientific Investigation*. New York: Penguin.

Roediger, Henry, and Bridgid Finn. "Getting it wrong: Surprising tips on how to learn. "*Scientific American*, October 20, 2009. http://www.scientificamerican.com/article.cfm?id=getting-it-wrong.

Schwartz, Barry. 2005. *The Paradox of Choice: Why More Is Less*. New York: Harper Perennial. Senay, Ibrahim, Dolores Albarracín, and Kenji Noguchi. 2010. "Motivating goal-directed behavior through introspective self-talk: The role of the interrogative form of simple future tense." *Psychological Science 21* (4): 499 - 504.

Shadmehr, Reza, and Henry H. Holcomb. 1997. "Neural correlates of memory motor consolidation." *Science 277* (5327): 821 - 825. doi: 10.1126/science.277.5327.821.

Shute, Valerie. 2007. *Focus on Formative Feedback*. http://www.ets.org/Media/Research/pdf/RR-07-11.pdf.

Singer, T., B. Seymour, J. O'Doherty, H. Kaube, R. J. Dolan, and C. Frith. 2004. "Empathy for pain involves the affective but not sensory component of pain." *Science 303* (5661): 1157 - 1162. doi: 10.1126/science.1093535.

Siyang Luo, Shi Zhenhao, Zuo Xiangyu, and Han Shihui. 2012. "Reminder of death modulates anterior cingulate responses to the suffering of others." Presented at the Organization for Human Brain Mapping Conference.

Stephens, Greg, L. Silbert, and U. Hasson. 2010. "Speaker-listener neural coupling underlies successful communication." *Proceedings of the National Academy of Sciences*. doi: 10.1073/pnas.1008662107.

Teixeira, Thales, Michel Wedel, and Rik Pieters. 2012. "Emotion-induced engagement in internet video advertisements." *Journal of Marketing Research 49* (2): 144 - 159. doi: 10.1509/jmr.10.0207.

Thibodeau, P. H., and L. Boroditsky. 2011. "Metaphors we think with: The role of metaphor in reasoning." *PLoS ONE* 6(2): e16782. doi: 10.1371/journal.pone.0016782.

Twain, Mark. *The Adventures of Tom Sawyer*.

Van Boven, L., M. Campbell, and T. Gilovich. 2010. "Stigmatizing materialism: On stereotypes and impressions of materialistic and experiential pursuits." *Personality and Social Psychology Bulletin 36* (4): 551 - 563. doi: 10.1177/014616721036279.

Vohs, Kathleen D., Nicole Mead, and Miranda Goode. 2006. "The psychological consequences of money. "*Science 314* (5802):1154－1156. doi:10. 1126/science. 1132491.

Walton, Gregory M., Geoffrey Cohen, David Cwir, and Steven Spencer. 2012. "Mere belonging: The power of social connections. "*Journal of Personality and Social Psychology 102* (3):513－532. doi:10. 1037/a0025731.

Wansink, Brian, Robert Kent, and Stephen Hoch. 1998. "An anchoring and adjustment model of purchase quantity decisions. "*Journal of Marketing Research 35* (1):71－81.

Williams, L. E., and John Bargh. 2008. "Experiencing physical warmth promotes interpersonal warmth. "*Science 322* (5901):606－607. doi:10. 1126/science. 1162548.

Wilson, Timothy D. 2011. *Redirect: The Surprising New Science of Psychological Change*. New York: Little, Brown and Company.

Wilson, Timothy D. 2004. *Strangers to Ourselves: Discovering the Adaptive Unconscious*. Cambridge, MA: Harvard University Press.

Wiltermuth, Scott, and C. Heath. 2009. "Synchrony and cooperation. "*Psychological Science 20* (1):1－5. doi:10. 1111/j. 146 7－9280. 2008. 02253. x.

Worchel, Stephen, Jerry Lee, and Akanbi Adewole. 1975. "Effects of supply and demand on ratings of object value. "*Journal of Personality and Social Psychology 32* (5):906－914.

Wrosch, C., and J. Heckhausen. 2002. "Perceived control of life regrets: Good for young and bad for old adults. "*Psychology and Aging 17* (2):340－350.

Zak, Paul. 2012. *The Moral Molecule: The Source of Love and Prosperity*. New York: Dutton.

致　谢

心理学研究有着丰富而悠久的历史。我要感谢我在本书中介绍的所有研究人员和心理学家，其中包括伊万·巴甫洛夫（Ivan Pavlov）、B. F. 斯金纳（B. F. Skinner）、B. J. 福格（B. J. Fogg）、丹尼尔·卡尼曼（Daniel Kahneman）、蒂莫西·威尔逊（Timothy Wilson）和罗伯特·西奥迪尼（Robert Cialdini）等等。看看我的参考文献，你会发现，他们的研究对本书都有贡献。

感谢我的博客读者和客户，他们提供了他们所希望获得答案的案例研究背景。

感谢 New Riders 出版团队的迈克尔·诺兰（Michael Nolan），他不停地鼓励我，并提出许多美妙的建议。感谢杰夫·莱利（Jeff Riley）团队，这是我与他们合作的第四本书。谁能想到，我们竟然一起完成了这么多的作品呢！

认知

人行为背后的思维与智能

赫伯特·西蒙 著

二十世纪最伟大的科学天才之一

迄今唯一同时获图灵奖和诺贝尔经济学奖的大师

人工智能之父讲认知心理学

提升认知水平，才能看得更高更远

本书是著名心理学家和人工智能开创者赫伯特·西蒙关于人类认知的作品。本书介绍了人的认知结构，包括注意力、记忆等方面，然后分析了人们思维过程中问题解决的途径和策略。书中进一步分析了对于复杂问题，专家和普通人不同的心理表征，以及应该如何应对复杂问题。最后，作者介绍了学习的基本原理和过程，并说明如何探索发现新规律。无论是关注人工智能还是关注心理学的读者，本书都是不可多得的经典读物。